"新标准"婴幼儿托育类专业系列教材

YING YOU ER YOU XI ZHI DAO

婴幼儿游戏指导

微课版

曹 宇◎编 著

华东师范大学出版社

·上海·

图书在版编目（CIP）数据

婴幼儿游戏指导 / 曹宇编著. -- 上海：华东师范
大学出版社, 2024. -- ISBN 978-7-5760-4552-9

Ⅰ. G613.7

中国国家版本馆CIP数据核字第2024DJ3264号

婴幼儿游戏指导

编　　著　曹　宇
责任编辑　刘　雪
责任校对　杨月莹　时东明
装帧设计　俞　越

出版发行　华东师范大学出版社
社　　址　上海市中山北路3663号　邮编 200062
网　　址　www.ecnupress.com.cn
电　　话　021－60821666　　行政传真 021－62572105
客服电话　021－62865537　　门市（邮购）电话 021－62869887
地　　址　上海市中山北路3663号华东师范大学校内先锋路口
网　　店　http://hdsdcbs.tmall.com

印 刷 者　上海华教印务有限公司
开　　本　787毫米×1092毫米　1/16
印　　张　12.75
字　　数　269千字
版　　次　2024年10月第1版
印　　次　2024年10月第1次
书　　号　ISBN 978－7－5760－4552－9
定　　价　45.00元

出 版 人　王　焰

（如发现本版图书有印订质量问题,请寄回本社客服中心调换或电话021－62865537联系）

前　言

随着我国人口政策和形势的变化，党和国家对 0—3 岁婴幼儿发展与托育事业高度重视，近些年出台了相应的政策文件，建设和发展托育机构，规范托育机构管理。各高等院校也着力建设专业学科，培养托育师资与人才。面对国家和时代的大背景，华东师范大学出版社策划了一系列托育专业教材。

结合我的专业背景、工作经历，最终选定了《婴幼儿游戏指导》由我编写。我对托育有着特殊的感情，与托育的缘分始于 2008 年硕士研究生毕业后第一份工作，在上海市思南路幼儿园托班部当了 3 年的班主任，可以说托育教师是我的第一份工作。2011—2019 年，我在北京奕阳教育集团旗下幼儿园着手筹建托班，参与了 10 个托班的筹建、师资培训和日常管理，带领园长教师研究托班保教工作。2020 年至今，在合肥幼专附属实验幼儿园通过托班课程、托育师资培养、教玩具研究等积累了较为全面的研究素材。可以说，这本书凝聚了我过去 16 年托育工作中的所思所想。

本书共有八章，可以分为三个部分：

第一章至第三章属于游戏基础。回答了"是什么，需要什么，需要谁"的问题，让读者了解婴幼儿游戏的概念和理论基础，认识到支持婴幼儿游戏活动所需的物质环境和心理环境，阐述了婴幼儿在游戏中存在三种人际互动关系。

第四章至第七章按照运动、语言、认知、社会性四个发展领域对游戏进行了划分，分别对这四种游戏进行了介绍。每一章都阐述了一种游戏组织和实施的方法。需要注意的是，任何一种游戏活动都有多种发展价值，四种游戏内容并不是完全割裂、独立的，只是不同的游戏在婴幼儿发展上有所侧重，或者某一方面更为突出和明显。

第八章着眼于婴幼儿个体差异和对婴幼儿的观察记录，帮助读者树立以婴幼儿为本的儿童观，养成实事求是、乐于分析的职业习惯，列举了婴幼儿游戏活动中出现的个体差异问题，结合婴幼儿个体发展档案的编制过程，阐述个性化游戏方案制定的具体方法，让读者学以致用，在托育机构中转化为游戏观察记录和成长档案。

本书的创新之处有以下几方面：

第一，突出案例学习。每一节的导入部分，都凝练了一个来自于真实生活的案例，启发读者透过现象进行深入的思考。边学边思，探寻 0—3 岁婴幼儿游戏的规律、教育原则及实施方法。建议从事托育工作的读者对案例进行两次思考或讨论，学之前进行一次，学完章节内容之后，再次进行一次讨论，从而对比自己对同一问题的看法是否多了一些理性判断。

第二，注重合作学习。书中课后练习和实习实训的内容值得重视，因为渗透了让托育专业学生合作学习的教育理念。寻找真实的托育机构，对其环境、游戏方案、游戏环境等进行分析讨论，鼓励同学们以小组的方式对话、汇报，激发同学们主动学习、从同伴身上学习的热情。

第三，强调启发式教学。书中的图片、"游戏研讨"与"游戏现场"等栏目都来自于一线真实的教育场景，在教学或自学过程中，可以结合书本理论知识，对它们进行研读分析。此外，还配有 20 余个视频，帮助读者直观感受游戏精神和游戏现场的人际互动。

本书的完成离不开华东师范大学出版社的信任，也离不开编辑老师的细心负责，融入了他们对教材策划的整体设计。在这里感谢为本书提供素材的托育教师，他们是薛会群、胡秀梅、张成、杜慧楠、赵薇、肖家翠、黄文珂、程晓丽、王建萍、韩慧萍。这些一线教师在日复一日的工作中对婴幼儿细心呵护，他们日常的微笑、动作、言语是我学习的榜样，他们组织高质量游戏活动的专业素养，研发游戏材料的智慧火花都让我钦佩。也期待每一位读者能够把自己和婴幼儿游戏的情况反馈给我，以便下次修订本书时有更多优秀的游戏素材。

见证和参与 0—3 岁婴幼儿的游戏是一件快乐的事，每一位学生、老师都会得到精神上的愉悦，在与婴幼儿互动过程中收获丰富的心理能量。希望游戏让 0—3 岁婴幼儿的童年充满探究的欣喜和互动的快乐，希望每个宝宝都在游戏中建立安全感、自信心，收获健康、全面、和谐的发展。

曹　宇

2024 年 8 月 2 日

于北京师范大学英东楼

目 录

第一章　婴幼儿游戏概述　1

第一节　游戏的内涵　3

第二节　游戏与婴幼儿发展的关系　13

第三节　婴幼儿游戏的特点和分类　19

电子资源说明：

扫码观看 🎬 游戏视频

🎬 游戏视频

2.5—3 岁宝宝玩轮胎游戏　23

27　第二章　婴幼儿游戏环境创设

29　第一节　室内游戏环境的创设

40　第二节　室外游戏环境的创设

49　第三节　婴幼儿游戏材料的选择

第三章　婴幼儿游戏中的人际互动　55

第一节　游戏中婴幼儿和保教人员的关系　57

第二节　游戏中婴幼儿的同伴关系　67

第三节　游戏中婴幼儿的亲子关系　73

🎬 游戏视频

鼓励家长亲子律动　75

亲子活动：花生游戏　76

亲子拓印游戏　76

第四章　婴幼儿运动游戏　79

第一节　婴幼儿运动游戏概述　81

第二节　婴幼儿运动游戏的组织与实施　89

🎬 游戏视频

户外运动：滚草地　82

宝宝放风筝游戏　83

运动游戏：过小桥　84

纸杯系列游戏　85

宝宝玩彩虹堆塔游戏　86

树叶拓印艺术活动　87

宝宝玩串珠游戏　88

宝宝玩扣纽扣游戏　88

被动操　90

主被动操　91

音乐律动运动游戏　91

情境性运动：彩虹伞游戏　92

户外运动：钻山洞　92

操作类自制小器械游戏　93

宝宝玩吹泡泡游戏　97

宝宝玩水车游戏　99

101　第五章　婴幼儿语言游戏

103　第一节　婴幼儿语言游戏概述

110　第二节　婴幼儿语言游戏的组织与实施

🎬 游戏视频

自制可说可操作的语言游戏书　115

小手小脚涂鸦游戏　118

第六章　婴幼儿认知游戏　121

第一节　婴幼儿认知游戏概述　123

第二节　婴幼儿认知游戏的组织与实施　132

🎬 游戏视频

第一次玩建构游戏　127

蔬菜拓印游戏　140

面孔画框游戏　140

游戏视频
收稻粒　156

145　第七章　婴幼儿社会性游戏

147　第一节　婴幼儿社会性游戏概述

152　第二节　婴幼儿社会性游戏的组织与实施

第八章　婴幼儿游戏活动的观察与指导　167

第一节　婴幼儿游戏中的个体差异　169

第二节　婴幼儿游戏中的常见问题　175

第三节　婴幼儿游戏的观察与记录　181

第四节　婴幼儿游戏方案的制定　191

第一章 | 婴幼儿游戏概述

 学习目标

1. 熟悉婴幼儿游戏的具体表现，知道婴幼儿游戏的内涵，了解基本的游戏理论。

2. 理解游戏对婴幼儿的发展价值，知道游戏对婴幼儿身心健康和脑发育有重要作用。

3. 能够通过游戏片段判断婴幼儿游戏的特点，通过观察婴幼儿的动作、语言、行为表现，概括出婴幼儿游戏的特点和作用。

4. 能从不同维度对婴幼儿游戏进行分类，并可以列举常见的婴幼儿游戏案例。

第一节　游戏的内涵

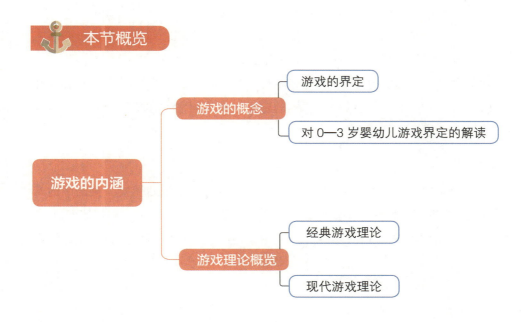

本节概览

游戏的内涵
- 游戏的概念
  - 游戏的界定
  - 对 0—3 岁婴幼儿游戏界定的解读
- 游戏理论概览
  - 经典游戏理论
  - 现代游戏理论

案例导入

宝宝在玩还是在捣乱

　　妈妈在厨房做家务，拿出米箱和一袋大米，准备把大米倒进米箱。2 岁的娜娜看到了，也学着妈妈的样子，用小手抓起一把大米就往米箱中放，一不小心，洒落了一些大米。妈妈并没有批评娜娜，而是给娜娜拿来一个小碗，方便娜娜舀米，然后悉心地示范给娜娜看如何用小碗把大米倒入米箱中。娜娜专心地舀米、倒米，时不时还发出"哈，哈"的欢呼声。但是，娜娜还是不小心洒落了一些大米。这时外婆走了过来说："哎哟，怎么让小孩子玩大米，真是捣乱，洒了一地，不好让小孩子玩的！"

　　阅读上述案例，讨论：你认同妈妈的做法还是外婆的做法？娜娜的行为有意义吗？她是在捣乱吗？你怎样看待妈妈和外婆的教育观念？

一、游戏的概念

婴幼儿是在游戏中长大的，平凡的生活瞬间充满了游戏的元素，正如案例中的白色的大米，舀米、倒米的行为，哗啦啦的声音，米粒掉落的运动，抓握在手中的感觉，这些充分刺激着婴幼儿的听觉、视觉、触觉等，对他们来说也是一种游戏。如果再营造一些运大米、送大米的情境，家务劳动也会成为每个婴幼儿都会喜欢的游戏。

对于0—3岁的婴幼儿来说，他们的游戏相对更简单，但是游戏的发展价值和意义却非常深远。因此，古今中外的学者对游戏有不同的定义，从不同角度和研究视角阐述游戏的概念与内涵。

（一）游戏的界定

"游"是随意、自如的心理状态和身体活动，"戏"是高兴、快乐地玩耍。英语中通常用"play"和"game"两个词语来表示游戏，但侧重点有所不同：前者可以用于表示0—3岁婴幼儿的操作行为，摆弄材料、身体运动；后者用于表示具有一定规则的游戏，通常是名词。

📖 **拓展阅读**

> 美国心理学家彼得·格雷指出了人们所普遍认同的几个游戏特征：
>
> 游戏是由游戏者自主选择的、以游戏自身为目的的活动。
>
> 游戏者决定游戏的内容，包括游戏的结构与规则。
>
> 游戏者可以随时结束游戏，他们参与游戏但不会被游戏困扰。
>
> 游戏是由想象塑造的，所以它遵循的规则与现实生活中的规则不同。
>
> 摘自：［美］朱莉娅·卢肯比尔，阿尔蒂·萨布拉马尼亚姆，珍妮特·汤普森.0—3岁婴幼儿游戏：适宜的环境创设与师幼互动［M］.张和颐，尹雪力，译.北京：中国轻工业出版社，2022.

尽管很难给游戏下一个准确的定义，但是我们综合各个流派的游戏观点，对本书中的游戏概念进行了界定。本书中的游戏是指0—3岁婴幼儿自由选择、轻松愉悦的基本活动，是0—3岁婴幼儿有目的、有意识地通过模仿、操作、想象、对话、运动等外部表现，了解现实生活和周围世界的社会性活动。

（二）对0—3岁婴幼儿游戏界定的解读

结合本书中的游戏概念界定，我们对概念中的关键要素进行解读与分析，以便于保教人员有针对性地理解 0—3 岁婴幼儿的游戏。

第一，本书中的婴幼儿有一定的年龄界限，主要是针对托育服务或早期教育背景下 0—3 岁婴幼儿来界定的。有关 3—6 岁的幼儿所拥有的更丰富、多样、复杂的游戏行为，则不在本书的主要讨论范围。

第二，游戏是自由选择的，不是成人强加给婴幼儿的。成人可以为婴幼儿提供游戏材料，创造游戏情境，加以引导，但是是否进入游戏、开展游戏，主要由婴幼儿自由选择、自主判断。

第三，游戏是轻松愉悦的，能让婴幼儿保持良好的情绪。这些是可以通过婴幼儿的面部表情、发出笑声、手舞足蹈等表现来进行直观判断的。如果婴幼儿并不开心，或者表现出心不在焉的样子，那么这很可能不是真正的游戏，而是成人要求婴幼儿完成的"任务"。

第四，游戏中的婴幼儿通过模仿、操作、想象、对话、运动等多种表现形式进行活动，而且在活动中存在一定的目的。最原始的目的是让自己愉快，除此之外还存在着完成小任务、挑战成功、和抚养者或照料者进行互动得到积极反馈等动机目的。游戏中的婴幼儿是有意识的，注意力通常比较集中，处于有意注意的状态，而不是无意注意的状态。

第五，游戏是婴幼儿从自然人过渡到社会人的媒介之一。在游戏中，婴幼儿可以掌握生活技能、认识周围事物、学习语言对话、感受情绪情感、养成良好的行为品质，因此 0—3 岁婴幼儿的游戏具有多重的社会教育价值。

通过以上分析解读，能够帮助保教人员明确 0—3 岁婴幼儿游戏的具体内涵，并能从多个角度观察、理解和评估游戏中的婴幼儿。

二、游戏理论概览

了解和掌握游戏的内涵，对游戏做出基本的界定，这仅仅是对游戏有了初步认识。保教人员要想更加科学、客观地认识游戏，还需要了解和理解几种主要的游戏理论，提升自身的理论素养。

（一）经典游戏理论

18 世纪中期到 20 世纪初，是儿童游戏研究的初兴阶段。这个阶段陆续出现了系统的游戏理论，比较典型的有四种理论。这四种理论被统称为经典游戏理论。

1. 剩余精力（精力过剩）说

剩余精力说的代表人物是德国哲学家席勒和英国社会学家、心理学家斯宾塞。

剩余精力说认为，游戏是机体的基本生存需要满足之后，仍有富余精力需要释放；游戏是充沛能量消耗的产物，游戏的动力来自于机体的剩余精力。这是剩余精力说的基本思想。

席勒的主要观点是：除了维持正常的生活与生存，若动物和人类的精力还有剩余，过剩的精力必须寻找方法或途径去消耗它，而游戏是释放剩余精力的最佳方式。剩余精力越多，游戏就越多。儿童的游戏多，是由于其剩余精力多，而用于生存的精力少。儿童只有通过游戏释放和发泄过剩的精力来保持生理与心理能量的平衡，从而获得一种愉悦的情绪体验。

斯宾塞主要从心理学角度表达游戏过剩理论，他的主要观点是：游戏活动的生理基础是由于身体和心理的活动使神经细胞受到损伤，这些细胞的修复需要一个过程（也叫静止期），从而为机体的再度活跃做好准备。所以，游戏就是由处于静止期的、得到修复的或重新活跃的神经细胞所激起的"多余的"活动，是剩余精力发泄的产物。就儿童而言，儿童不需要像成人那样去从事有关生存或具有实际意义的各种活动。然而，在剩余精力驱使下，儿童开始进行不具有任何实际意义但却与成人生存活动相似的活动，这便是游戏。

· 游戏研讨 ·

陈老师在教研活动中说："我们班的孩子是2—3岁的，当他们的生理需求得到满足之后，如果不让他们进行充分的游戏活动，他们会显得精力旺盛。尤其是在下雨天，因为不能到户外去玩滑梯、走一走、跑一跑，到了中午孩子们就很难入睡，所以遇到下雨天，我会多设计一些室内运动游戏，比如用垫子做钻、爬、滚的游戏，消耗孩子们多余的精力。"

2. 生活预备（前练习）说

生活预备说也被称为前练习说，代表人物是德国学者格罗斯。

格罗斯认为，游戏是对不完善、不成熟的本能行为的预备性练习，是对未来生活的一种无意识的准备；游戏具有生物适应的机能。他提出的这一学说主要包括两个观点：第一，游戏是一种练习本能的普遍冲动，是对未来生活活动的模仿，游戏与模仿紧密联系。在游戏中，儿童模仿成年生活所必须具备的基础能力，并使之趋于完善。游戏就是学习或练习，是为未来生活做准备。例如，男孩子玩打鱼游戏是将来谋生、养家的准备，女孩子玩过家家游戏是将来养育子女的准备。第二，游戏是动物在幼稚期所特有的现象，游戏期的长短与动物在种系中所处的地位有关。低等动物生来就是成熟的，所以不需要游戏。游戏在高等动物中尤为普遍，原因在于高等动物出生后，其身体机能和本能行为尚处于不成熟状态。为了生存，这些高等动物必须在幼稚期去本能地练习、实践成年期所需的谋生和生存的基本技能。

· 游戏研讨 ·

张老师在观察婴幼儿游戏时发现："女孩子格外喜欢过家家游戏，摆弄瓶瓶罐罐，仿佛真的在做饭，她们刷奶瓶、炒菜、切菜，有模有样地再现厨房活动。"

3. 复演（种族复演）论

复演论的代表人物是美国心理学家霍尔。

复演论的主要观点是：游戏实际上是对祖先生活的回忆，是早期种族活动的遗迹。霍尔认为儿童发展过程分为五个阶段：动物阶段、原始阶段、游牧阶段、农业家族制阶段、部落阶段。游戏就是不同年龄段的儿童复演人类祖先各种不同形式的活动，这种复演涵盖了人类进化到现代人的各个发展阶段，而且游戏中儿童所有的态度和动作都是遗传下来的。例如，儿童爬树、摇树是重复类人猿在树上的活动，打猎、捕鱼、搭房子是重复原始人的活动。儿童的游戏就是祖先的"工作"，原始人的打猎、追逐等构成了现代儿童游戏的基本结构和内容。霍尔的一句名言——"一两的遗传胜过一吨的教育"，便反映了遗传决定论的观点。霍尔的复演论为我们提供了一条思考儿童游戏的路径，即儿童在走向成熟的道路上经历了不同的发展阶段。

· 游戏研讨 ·

陈老师在学习游戏理论时回想起自己观察到的现象：婴幼儿用积木搭建房子，用磁力玩具钓小鱼，抓着小树枝来回甩，还有孩子们比较喜欢的追逐游戏，这些仿佛是在重现人类祖先不同阶段的活动。

4. 松弛（娱乐）说

松弛说也被称为娱乐说，代表人物是德国哲学家、心理学家拉扎鲁斯。

拉扎鲁斯认为，艰苦的劳动使人身心两方面都精疲力竭，这种疲劳需要休息和睡眠才能得以解除。然而，人要想得到充分的休息与睡眠，首先要有效解除身心的紧张状态。如此，游戏便产生了。在他看来，游戏就是一种松弛的娱乐活动，它可以让个体的紧张状态得到有效释放，疲惫的身体得到缓解和放松，使消耗的能量得到补充或恢复。

美国教育家、心理学家帕特里克对拉扎鲁斯的观点进行了补充与发展。帕特里克认为，游戏是为了减轻心理疲累而产生的，其主要功用是休闲。他认为，儿童生来就是"游戏的动物"。游戏是童年期自发的、以本能为基础的活动，具有娱乐的倾向，运用游戏能够把人从心理压力导致的疲劳中解脱出来。游戏是儿童自然的、积极的生活方式。

· 保教实践

陈老师在托班的一日活动中安排了不同的环节，比如晨间桌面游戏、上午点心、户外运动游戏、洗手饮水、音乐律动游戏、谈话活动、各个区角游戏、餐前准备、午餐活动。纵观上午的活动，不同类型的游戏能让托班婴幼儿放松身心，并且充分运动。

经典游戏理论受达尔文生物进化理论的影响较大，为此，早期游戏研究大多是从生物学科出发，以哲学思辨的方式得出研究结论。虽然忽视了游戏的社会性、文化性，研究过程也缺乏可靠的科学实验依据，但是这些理论学说或多或少地解释与说明了人们看到的、感到困惑的但又无从诠释的游戏现象。

（二）现代游戏理论

20世纪中期，游戏理论逐渐摆脱了主观思辨的哲学影响，普遍重视游戏对儿童情感和社会性发展的价值。现代游戏理论主要有以下三种代表性理论。

1. 精神分析学派游戏理论

该学派理论的主要代表人物是弗洛伊德、伯勒和埃里克森。

（1）弗洛伊德的游戏理论。

弗洛伊德认为游戏是儿童宣泄情感与促进"自我"发展的重要途径，能使儿童逃避现实生活的束缚，用一条相对安全的途径来宣泄内心的情感，以满足在生活中不能实现的愿望和欲望。例如，儿童喜欢吃糖，但是大人告诉他不能吃。于是，儿童在游戏中不仅会假装自己吃糖，还会给布娃娃吃糖。在游戏这个虚构的世界里，儿童宣泄了对现实生活中的消极情感。

游戏的动机之一是唯乐原则，它体现在游戏能够满足儿童的内在愿望和需求。在某些情况下，游戏也充当了一种心理疗愈的机制，让儿童通过象征性的方式再现或重构他所经历过的创伤事件，从而在游戏情境中重新掌握对痛苦经历的控制感，从而使受压抑的敌意冲动得到发泄。游戏的对立面并不是工作，而是真实的生活。游戏可以在一定程度上满足儿童在现实生活中无法实现的愿望，使儿童获得愉悦的情绪体验和身心经历，也使儿童受到压抑的本能行为找到了释放场所，使儿童能够真正活在自己的生活中。

（2）伯勒的角色选择游戏理论。

伯勒认为，"儿童对于角色的选择往往是基于对某人的爱、尊敬、嫉妒或愤怒的感情"。也就是说，角色和情境的选择是建立在游戏主题所引起的特殊的情感动力和动机之上的。儿童往往喜欢模仿和扮演"身份低于自己"或与自己身份不匹配的角色。这是因为在这种错位身份面具的"掩饰"下，儿童才能做平时不能做的事，或借此掩饰自己的错误和过失。

儿童主要进行的游戏是四类：机体游戏、母婴游戏、角色游戏及规则游戏。伯勒认为，儿童对游戏角色的选择基于他们对角色的情感，儿童的情绪发展阶段不同，游戏的内容也不同。

（3）埃里克森的游戏理论。

埃里克森的人格发展理论也被称为新弗洛伊德主义。埃里克森的人格发展理论与弗洛伊德的人格发展理论主要有三点不同：一是埃里克森的人格发展理论，不是基于人格异常者的心理特征进行建构，而是以一般心理健康者的人格特征为立论基础。二是埃里克森将人生全程视为连续不断的人格发展过程，而不是持早期决定论的立场。三是埃里克森更强调自我的作用，认为自我是人格发展的核心动力，而非弗洛伊德所强调的本能的作用，尤其是性本能在人格发展中的核心地位。

埃里克森格外注重学前期，又将其称作"游戏年龄"阶段。在此阶段，游戏作为儿童的生活方式，是化解人格发展危机最有效、最自然的方式，有助于儿童自我的积极发展。游戏可以帮助自我对生物因素和社会因素进行协调和整合。游戏的形式随着儿童年龄的增长和人格的发展而不同。游戏会帮助儿童人格从一个阶段发展到另一个阶段。

· 游戏研讨 ·

陈老师在观察托班游戏时发现孩子们玩起了救火的游戏，只见一个孩子拿着海绵棒当水管，对着玩娃娃家的小伙伴说："别怕别怕，我是消防员叔叔，我来救火！"陈老师认为：孩子很崇拜消防员，通过扮演消防员来表达崇拜的情感，同时孩子也比较害怕着火，在游戏中成功灭火，起到了宣泄恐惧情绪的作用。

2. 认知发展学派游戏理论

认知发展学派的理论代表人物是皮亚杰。在皮亚杰之后产生的新皮亚杰学派，结合信息加工理论补充修正了研究方法与结果，形成了新皮亚杰学派的观点。

（1）皮亚杰的游戏理论。

皮亚杰认为，游戏的发展水平与儿童智力发展水平相适应，在认知发展的不同阶段，游戏的类型不同。根据儿童认知发展的阶段和儿童游戏的相应表现，皮亚杰把儿童游戏分成三个发展阶段：

第一阶段：练习性游戏（0—2岁）。练习性游戏是在感知动作水平上出现的典型游戏，是一种最初形式的游戏。练习性游戏以不断地重复已习得的动作取得"机能性快乐"，可以说动即快乐。例如，反复抓玩具、摸耳朵、摸鼻子、挥手再见等。

第二阶段：象征性游戏（2—7岁）。在前运算阶段，儿童发展了表象能力，可以假装和扮演不在眼前的事物，可以用语言进行游戏。象征性游戏是学前儿童游戏的典型形式，它的主要特征是表象和符号。例如，用树叶、泥巴玩过家家，用帽子玩开汽车游戏等。

第三阶段：规则性游戏（7—11岁或12岁）。规则性游戏是具体运算阶段的游戏形式。例如，跳房子、下棋等。

（2）新皮亚杰学派的游戏理论。

该游戏理论的主要代表人物有帕斯库-利恩、K. 费希尔、哈尔佛德、凯斯、德米脱尔。

　　新皮亚杰学派的观点主要有：第一，儿童发展不是沿着特定的顺序阶段前进，而是以不同方向和速度多样化地发展。第二，儿童处于社会环境之中，认知发展是通过与其联系的人或事物的相互作用而形成和发展起来的。儿童认知发展的主要冲突是社会认知冲突，儿童认知发展的主要原因是社会调节的平衡化。第三，主张在皮亚杰原有的认知发展的四个阶段之外再加一个或多个阶段，即表明成年时期人类认知发展是继续往前的。

　　① 游戏唤醒理论。游戏唤醒理论的代表人物主要是亨特、伯莱因、费恩等。亨特认为游戏包含探究，将游戏看作由认知行为和嬉戏行为构成的活动。认知与嬉戏先后轮流，构成了游戏的动态过程。环境刺激连续作用于有机体，有时过多，有时过少，形成循环。在这个循环中，只有一段短时间是经过中等水平的，正是在这个水平上才产生了游戏。其中，中等水平的唤醒是最佳觉醒状态，而游戏便是在最佳唤醒水平上发生的。伯莱因倾向于把最佳觉醒水平理解为一条线，认为这条线的上下两端分别是探索和游戏的功能区。亨特则认为最佳觉醒水平是一条频带或一个范围，这个范围是游戏的活动区域，包含了认知和游戏。游戏是认知和创造交替进行的动态过程。游戏用新的、不寻常的方法运用物体进行活动，从而增加刺激。

　　② 游戏元交际理论。游戏元交际理论的代表人物主要是贝特森。贝特森在运用人类学、逻辑学理论研究游戏的基础上，于1952年提出游戏是一种元交际过程，即在交际活动中双方识别、理解对方表现中隐含的意义。该理论从人类活动的元交际特性出发，认为游戏本身就是有价值的，不仅在文明的进化中起过重要作用，而且其本身就是进入人类文化和表征世界的一种必需的技能。游戏的价值在于向儿童传递特定文化下的行为框架，教儿童联系所处的情境来看待行为，在联系中评价事物。游戏对儿童理解和建构表征世界具有先导作用。游戏是一种元交际机会，将人类的表层活动与活动的深层含义联系起来，体现了活动及其含义之间的差异性与统一性，能引导人们在联系中互相增进认识。

● 游戏研讨 ●

　　陈老师说自己的宝宝10个月了，最近特别喜欢抓东西、扔东西。比如，宝宝抓起小车，然后扔到地板上，听到咕咚一声，把小车捡起来给他，他又扔到地板上，不断地重复。陈老师把小车换成了毛绒球，这次宝宝没听到声音，表情愣了一下，摇摇晃晃探身想看看地板上到底是什么。陈老师认为宝宝处在练习性游戏的阶段，抓、扔的动作就是游戏，听到的声音仿佛是快乐的源泉，声音消失之后，宝宝产生了认知冲突，想要看个究竟。当宝宝发现变化之后，他可以初步认识到两种物品的不同，唤醒新的认知。

3. 社会文化历史学派的游戏理论

该学派的代表人物有维果茨基、列昂捷夫、艾里康宁。与认知发展学派的研究视角不同，社会文化历史学派认为儿童的发展受到外部社会文化影响，他们通过与他人的互动与交往，不仅促进了人际关系的建立，而且推动了其内部心理结构的发展。

（1）维果茨基的游戏理论。

维果茨基是苏联心理学家、哲学家，是社会文化历史学派的奠基人、创始人。维果茨基认为，儿童在发展过程中要满足无法立即实现的欲望，因此产生了游戏。游戏是儿童发展的首要途径，在儿童心理发展中起主导作用。游戏并不总是给儿童带来愉悦，如有的规则游戏根本不会带来愉悦，尤其是比赛结果不好的、有组织的规则游戏（如体育游戏）。游戏物品（或支架物）是把儿童从具象中解放出来的一个重要因素，它把儿童思维从具体经验中解放出来，使他们可以进行更高水平的思维。在游戏中，儿童思维与客体是分离的，如一根棍子可以成为枪，一件旧衣服可以成为玩具娃娃。游戏就像一个放大镜，能使儿童潜在的新能力在其他情境中表现出来之前就在游戏中首先展现。

游戏是儿童发展的源泉，游戏、成人、更有能力的同伴，三个因素造就了高于原有的独立行动水平的最近发展区。在游戏中，儿童的表现高于他的日常行为水平。成人提供的支架为儿童呈现这种表现提供了帮助和指导。儿童在游戏中发展的动力是他们与其周围环境的相互作用。

课 堂 讨 论

最近发展区对婴幼儿发展有什么意义？

（2）列昂捷夫的游戏理论。

列昂捷夫是苏联有影响力的心理学家，他从心理学的角度论述了关于儿童游戏的起源、本质、特点等。他认为儿童的游戏与动物游戏有本质上的不同，儿童的游戏不是本能的、自发的活动，而是能动性的活动，这种活动规定着儿童游戏的内容。列昂捷夫认为，游戏是学前儿童的主导活动。游戏之所以是主导活动，是因为这种活动的发展与儿童心理发生发展的变化过程有紧密联系。

列昂捷夫认为，儿童游戏的特点是游戏行为的动机不在于行为的结果，而在于行为的过程。例如，儿童玩积木游戏，往往热衷于用各种方法摆弄积木搭建物体的过程，而不在于一定要建成什么物体。儿童是在游戏的操作与行动中掌握了人类社会的现实。儿童在游戏中需要用手操作物体，这被称为及物行动。儿童有强烈的及物行动的需求，想做成人正在做的事，这种需求只能在想象的游戏活动形式中解决。

（3）艾里康宁的游戏理论。

艾里康宁是社会文化历史学派的重要代表人物，也是苏联现代游戏理论的代表人物之一。他认为角色游戏是学前儿童的典型游戏，研究儿童游戏应该以角色游戏为主要对象。儿童的角色游戏不是自发出现的，而是出自于社会的需要。因此，游戏的起源是社会性的，与儿童生活的一定社会条件相关，不是由本能决定的。角色游戏是学前儿童的典型游戏，是一种较发达的游戏形式。角色游戏的产生是由于儿童与成人间关系的改变。随着儿童运用实物的动作技能的发展、独立性的提高，婴儿期的儿童与成人的关系发生了改变。儿童想参与成人活动的意愿越来越强烈，但自身能力还不能胜任成人的活动，只有通过在游戏条件下模仿或重演成人的日常活动，才能使愿望得以满足。因此，角色游戏是在儿童与成人的新关系中产生的，其内容也是社会性的。

角色游戏中角色的象征技能主要表现为以人代人和以物代物。以人代人就是游戏中的角色扮演，如儿童扮演妈妈的角色。以物代物是用一个具体的物体代替不在眼前的物体，如用一块石头代替大轮船。因此，成人为了使儿童获得作为未来的社会成员所具备的一般能力，会为儿童提供练习一般能力的专门玩具。

> ### · 游戏研讨 ·
>
> 王老师是今年刚从婴幼儿健康与服务专业毕业的学生，她在教研会上提出自己的困惑："为什么其他老师带孩子组织游戏很顺畅，自己准备了很多话，可是还没说几句，孩子们就东张西望，动来动去？"听了王老师的困惑后，陈老师分享了自己的经验："对于 1.5—3 岁的孩子，要让他们手上有事情做，就像游戏理论中所说的及物特征，他们的游戏需要操作，所以无论是哪个活动，都要考虑一下如何设计和使用玩具。比如棒棒糖的游戏活动，我会用纸板做一个醒目的大棒棒糖，再给每个孩子一个圆形纸板，让他们自己拓印、涂色、粘贴棒棒糖，这样他们就真正投入游戏了。玩着玩着，孩子们还会模仿吃棒棒糖、刷牙、漱口等有趣的生活情境。"

综上所述，游戏理论的发展经历了从简单到复杂、从单一到多元的过程。学习和了解这些游戏理论，不仅为保教人员观察和了解婴幼儿游戏提供了理论支撑，而且更重要的是为保教人员提供了根据真实的游戏现场来思考和发现婴幼儿游戏行为的方法指引。

第二节 游戏与婴幼儿发展的关系

本节概览

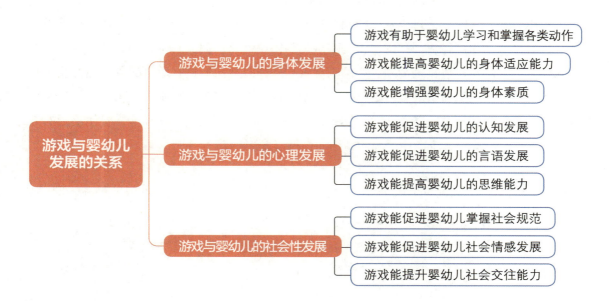

游戏与婴幼儿发展的关系
- 游戏与婴幼儿的身体发展
  - 游戏有助于婴幼儿学习和掌握各类动作
  - 游戏能提高婴幼儿的身体适应能力
  - 游戏能增强婴幼儿的身体素质
- 游戏与婴幼儿的心理发展
  - 游戏能促进婴幼儿的认知发展
  - 游戏能促进婴幼儿的言语发展
  - 游戏能提高婴幼儿的思维能力
- 游戏与婴幼儿的社会性发展
  - 游戏能促进婴幼儿掌握社会规范
  - 游戏能促进婴幼儿社会情感发展
  - 游戏能提升婴幼儿社会交往能力

案例导入

乖宝宝好吗

妮妮1岁了，妈妈经常带妮妮去户外玩，如用小铲子玩沙、光着脚在沙坑里寻宝、玩水枪等。看着妮妮欢呼雀跃，自由玩耍，妈妈觉得很开心。可是一旁的外婆却觉得这样不好，唠叨了起来："天气那么热，光着脚踩沙子多扎呀，应该穿上鞋子。穿鞋也不行，进了沙子不好清理。哎呀，别玩水枪了，头发都湿了，小姑娘应该干干净净的、乖乖的，那样才好！"

阅读上述案例，讨论：游戏中妮妮有什么样的体验？妮妮妈妈给孩子充分的游戏空间，让她获得各种游戏机会，这种做法对孩子的发展有什么价值？妮妮外婆和妮妮妈妈的教育观念有什么区别？

一、游戏与婴幼儿的身体发展

0—3岁的婴幼儿身体发育速度非常快，从学习和掌握基本动作到能够自由走跑都是在人生前三年完成的，因此身体正常发育、健康发展是婴幼儿生命成长的基础。游戏是婴幼儿活动的重要形式，可以促进婴幼儿的身体发展，贯穿于0—3岁婴幼儿的整个发展过程。

（一）游戏有助于婴幼儿学习和掌握各类动作

从出生开始，随着生理成熟，婴幼儿学会了翻身、坐、爬、走等动作。在游戏中婴幼儿可以对这些动作进行巩固和练习，增强运动的协调性。例如，刚学会爬的婴儿手脚并不完全协调，有的还可能是匍匐爬，有的则像青蛙一样双腿向后蹬。适宜的游戏能够让婴儿在锻炼中巩固手和膝盖协同爬行的动作。婴幼儿的动作可以分为小肌肉的精细动作和大肌肉动作。在各类游戏中，婴幼儿通过熟练地抓握物品、捏东西、串珠子等，会使手指的力量和灵活性日渐提升，也能使手部的精细动作得以发展。

> **· 游戏研讨 ·**
>
> 托育机构的张老师正在摆放班级中的中型运动材料，如钻桶、台阶楼梯、滑梯等。张老师说："我们班大部分孩子的年龄为1岁到1岁半，正是需要身体运动的时候，钻桶可以让宝宝们巩固钻爬的能力，台阶则可以让宝宝们来回上下走或爬，滑梯可以让宝宝们保持平衡。"

（二）游戏能提高婴幼儿的身体适应能力

婴幼儿身体健康，能适应季节、气候的变化是每个成人的美好愿望。身体健康跟婴幼儿的身体适应能力有关。身体适应能力是指人对外界环境变化的适应能力。在本节开头的案例中，我们可以看出妈妈和外婆的教育观念并不一致：妈妈认为婴幼儿应该多接触自然、多运动，从而提高身体素质；而外婆则认为玩水等游戏弄湿衣服头发容易生病。0—3岁的婴幼儿应该多接触阳光、空气、沙、水、植物等自然环境，让身体的各个感官去感受气温、风速、光线的变化，让皮肤接触和体验不同的物体表面，神经系统和运动系统才能通过自主调节机体来适应环境。

（三）游戏能增强婴幼儿的身体素质

游戏活动内容类型丰富多样，大部分游戏活动都需要肢体运动参与，能促进血液循环，增加大脑的供氧量，提高婴幼儿心肺功能，从而增强身体的抵抗力。然而，当下有很多家长在选择托育机构的时候，很在意硬件装修，如是否装有地暖、空调成为判断的标准，生怕孩子冻着、热着。其实，让婴幼儿感受真实的温度，比营造"一间温室"更重要。正如前面案例中的外婆，如果孩子乖乖地一动不动，就缺失了锻炼身体、增强身体素质的机会。实践表明，经常参加游戏的婴幼儿，在抵抗各类疾病的时候抵抗力更强一些，康复起来也更快一些。

> **· 保教实践**
>
> 　　12月的天气越来越冷，王老师不太想带孩子们到户外游戏。托育机构的园长在巡班时看到他们班15个孩子只来了7个，户外做操的时间也没有见孩子们出去玩，便询问王老师缘由。园长对王老师说："6月和12月是锻炼孩子身体适应能力的好时机，我们可以根据实际情况调整作息时间，比如6月份可以在9点左右到户外去活动，而12月则等太阳大一些的10点多时，带孩子们去感受冬天的太阳。在户外也要设计跑跳类的游戏，让孩子身体暖和起来，不能只是站着吹冷风，如丢手绢类的游戏不适合12月在户外玩，因为这个游戏需要大部分孩子在原地等待。12月可以组织一些模拟放炮竹的游戏，让孩子蹲下、跳起，舒展全身，'我是小炮竹呀，点火啦，嘶嘶嘶（一边说一边蹲下），砰！啪！（向上跳跃，伸展胳膊）'。"

二、游戏与婴幼儿的心理发展

　　0—3岁婴幼儿的心理发展需要通过脑和神经系统来实现，感觉、知觉、记忆、注意、想象、思维、语言等多种心理过程都离不开神经系统的发育。而游戏活动能促进神经纤维的髓鞘化，尤其在儿童早期能够促进神经元之间建立链接，能够开启婴幼儿的心理发展之门。

（一）游戏能促进婴幼儿的认知发展

　　游戏活动中婴幼儿与材料互动、与他人互动，接收来自环境的刺激和周围人的语言信号。这些外界信息的输入都能丰富婴幼儿的心理活动。例如，把9个月大的婴儿放在床单中，两位保教人员分别抓住床单的两头来回摇动，让婴儿玩荡秋千的游戏。在这样的游戏中，婴儿尽管还不会说话，但是他会感受到空间位置的变化、视野的变化，能直观地看到保教人员的表情，如对自己微笑，还能听到他们对自己说鼓励的话语。可见，游戏能促进婴幼儿的认知发展。在游戏过程中，婴幼儿可自然而然地接触大量的物质材料，运用多种感官参与活动，丰富自身对事物特征的认识，初步感受事物之间的关系和相互作用，在好奇心的驱使之下探索和感知各类未知的物体和现象。

（二）游戏能促进婴幼儿的言语发展

　　语言是婴幼儿社会化的重要工具，对于不会说话的婴幼儿，还可以在听说游戏中学习语言。例如，保教人员带领婴幼儿一边散步，一边指认命名路边的事物，这能使婴幼儿逐渐学会用对应的词汇去概括和表达。随着年龄的增长，婴幼儿在大脑中建立第二信号系统，逐渐习得语言，借助语言工具认识世界，与人交往、对话。在游戏中，婴幼儿逐渐学会用语言描述自己的需要，表达自己的情感，讲述游戏中的所见、所想，并提出新的游戏需求。游戏中总是伴随着语言的学习，尤其是重复性的词汇、句子，这些都是婴幼儿语言学习的重要内容。

📖 拓展阅读

　　韦尔观察研究显示，年幼儿童通常以不同语言形式和语言规则进行游戏。年幼儿童在游戏时，经常会将无意义音节重复串连在一起进行声音游戏，会将相同语法范畴的字替换进行造句游戏，会以玩笑和无意义的讲话有意地扭曲语意来进行语意游戏。加斯登认为这类语言游戏有助于儿童完善新掌握的语言技能，增进儿童对语言规则的知觉。

　　伯恩斯坦与维伯特等研究者根据大量证据证明，婴幼儿期象征性游戏与语言相关联。研究者分别观察了学步儿在15分钟的单独游戏时间和在家里与母亲一起时的表现。在这两种情况下，提供给他们的玩具包括洋娃娃、杯子和碟子、玩具电话、一本书、积木和其他材料。研究通常采用量的指标（频率和持续时间）和质的指标（复杂程序）两类游戏指数。研究结果表明，装扮性游戏与语言发展特别是造句复杂程度相关。塔米斯·勒蒙达和伯恩斯坦研究认为，婴儿在13个月和21个月时的象征性游戏行为频率与婴儿21个月时的语义的多样性有关，但与创造的词汇量或语法（平均发声长度）无关。他们认为，游戏与语言的关联性反映了儿童表征方面的一个根本的核心构成部分，由于在统计分析中已经将研究中母亲的作用排除了，所以这些关联性应该不依赖母亲的调解。

　　摘自：［美］约翰逊，等.游戏与儿童早期发展［M］.华爱华，郭力平，译校.上海：华东师范大学出版社，2006.

（三）游戏能提高婴幼儿的思维能力

　　想象是思维发展的动力，婴幼儿在游戏中可以模仿和想象不同的情境，超越了时间、空间、人员的限制。婴幼儿在玩简单的扮演游戏时能够认识到自己真实的身份，任何时候都可以从假装的角色转回到真实身份的意识。例如，一名2岁的幼儿说，"我是小狗，啃骨头""我是小猫，爱吃鱼""电话来了，宝宝接电话"。在这个游戏片段中，婴幼儿把自己想象成不同的角色，并且能切换到真实身份。

　　游戏能够促进婴幼儿的思维发展，包括观察比较能力、问题解决能力等。例如，拼图游戏中的圆形拼图，保教人员可根据婴幼儿的年龄大小把一个完整圆形分成多块，如对 1 岁的婴儿可以分成 2—3 块，对 1 岁半的幼儿可以分成 3—4 块，对 2 岁半的幼儿可以分成 4—5 块。在复原拼摆图形的过程中，婴幼儿需要不断地观察原图，思考手上的拼块是哪一部分，是否需要旋转或平移位置。这些游戏都有助于幼儿观察力、判断力的发展，使其对整体和局部有更清晰的认识，从而提高思维能力水平。又如，婴幼儿在玩过家家游戏中常常会遇到物品不够的问题——"没有蛋糕怎么办？用这个积木当蛋糕！"——以物代物，幼儿自己找到了解决问题的办法。

三、游戏与婴幼儿的社会性发展

0—3 岁婴幼儿的主要社会活动是游戏活动。他们通过游戏活动探索周围世界，认识社会关系，了解社会生活，体验社会的千姿百态。

（一）游戏能促进婴幼儿掌握社会规范

随着婴幼儿的成长，他们在游戏中模仿生活中的人，再现生活中有意思的事，模拟去不同地方，从而认识自己、认识身边的人、认识生活的场所，掌握多种社会知识和常识。对在游戏中习得的各种社会经验，婴幼儿都可以在游戏中加以积累、巩固和记忆。例如，在娃娃家游戏中，婴幼儿通过模仿妈妈上班、下班、做饭、洗衣服、照顾娃娃等，了解生活作息、角色分工、家庭与工作等。

在游戏中，一些简单的规则也是婴幼儿理解社会规范、学习社会行为规范的素材。婴幼儿能初步理解游戏的目的，能够依次轮流、可以耐心倾听他人讲话等，这些都是社会规范的启蒙教育。例如，当婴幼儿和保教人员玩捉迷藏游戏时，需要从 1 数到 10 或者等待一首儿歌的时间，然后才能开始寻找，不能偷看或提前找，这些都是社会规则的学习。

（二）游戏能促进婴幼儿社会情感发展

由于生活范围的有限，体验多种情感的机会受到时空限制，婴幼儿的情绪情感还在发展和不断分化过程中。但是，在游戏中婴幼儿可以体会到不同的游戏情境所带来的情绪情感，包括快乐、愤怒、悲哀、恐惧等。大部分游戏能够给婴幼儿带来快乐的体验。也有部分游戏因重现让婴幼儿感到畏惧的情境，使他们可以重新体会悲哀、恐惧等消极情绪，从而达到释放情绪的作用。例如，针对婴幼儿怕黑或觉得黑暗中有可怕的东西的情况，保教人员讲述故事《我的影子朋友》，组织婴幼儿玩影子游戏，使婴幼儿体会到黑暗只是光线变化，从而舒缓婴幼儿的恐惧情绪。此外，在游戏中还会有部分的高级情感，包括焦虑、嫉妒、同情等。例如，婴幼儿在游戏中照顾"受伤"的毛绒玩偶，一边抚摸"小狗"一边说"狗狗，你受伤了，我来给你打针，不疼哟，一会儿就好"。

（三）游戏能提升婴幼儿社会交往能力

社会交往能力需要在人与人的互动中实现。人际互动的实践能让婴幼儿逐渐掌握各种交往策略，学会解读他人表情，理解交往过程中的各种语言和非语言信号。家庭环境固然能提供人际交往的机会，但是托育机构中婴幼儿的交往机会更多。例如，在托育机构中每天发生的同伴互动、师幼互动及开展的大量游戏活动，都为婴幼儿的社会交往行为提供了演练机会，让他们在游戏中对话、运用肢体动作、遵守规则、表达需求、自我满足，逐渐掌握符合社会规范的交往策略，并表现出亲社会的行为。

拓展阅读

研究表明，儿童期如果抚养不当，使婴幼儿缺乏与父母或抚养人的身体接触、亲近、抚爱等人际互动，日后他们就会产生体验愉快的情绪障碍。亲子游戏会促进儿童安全依恋的形成。安全依恋的形成为儿童独立游戏提供支持，早期的安全依恋预示着未来伙伴接纳、积极的社会性参与和更丰富的游戏行为。

摘自：王颖蕙.0—3岁儿童玩具与游戏［M］.上海：复旦大学出版社，2014. （略有改动）

游戏不仅对婴幼儿的身体发育、心理健康、社会情感有重要价值，还有助于婴幼儿的审美情趣、多元智能发展。但是，并不是每一个游戏都能同时实现这些价值。不同种类游戏的功能和作用不同，因此婴幼儿需要丰富多样的游戏活动，才能实现身心健康、和谐、全面的发展。

第三节　婴幼儿游戏的特点和分类

 本节概览

 案例导入

这是游戏吗

　　因为家里没有人带宝宝，妈妈将8个月的妮妮送入了托育机构。可远在老家的奶奶不放心，还是克服困难准备过来帮忙带孩子。妮妮的妈妈跟奶奶说："没问题，托育机构养育得很好，除了生活照料，每天还有很多游戏活动。"妈妈与奶奶一起到托育机构看妮妮，看到老师正抱着妮妮，对着妮妮做各种表情，引得妮妮哈哈笑，老师还把脸从远处靠近妮妮，妮妮也发出了咯咯的笑声。参观结束之后，老师对妮妮的奶奶和妈妈说："今天和宝宝玩的是表情游戏，做出不同的表情，为模仿学习做一些铺垫。另外，我把脸从远近不同的地方移动，也是为了看看妮妮的视觉发育情况。"奶奶半信半疑地说："这么小的宝宝还能玩游戏啦，真是新鲜！"妈妈和老师笑呵呵地继续跟奶奶讲解婴幼儿发展的小知识。

　　阅读上述案例，讨论：0—3岁婴幼儿的游戏和3—6岁幼儿的游戏有什么区别，你能列举一些婴幼儿的游戏吗？0—3岁婴幼儿的游戏有什么特点呢，又可以分为哪些种类？

一、婴幼儿游戏的特点

游戏是让婴幼儿感到愉快的、自主自发的行为。但是由于0—3岁的婴幼儿正处在各种感官发育的阶段，因此完全自主自发的游戏在婴儿1岁以前并不多，这就需要保教人员的陪伴和引导。这也是0—3岁婴幼儿游戏的独特之处。了解和掌握婴幼儿游戏的基本特点，能帮助从事托育工作的保教人员进一步观察与辨析婴幼儿的游戏行为，进而支持婴幼儿的游戏活动。婴幼儿游戏主要有以下几个特点。

（一）支持性

婴儿最初是探索自己的身体，如吃手行为就是在探索和感知手的存在。随着婴儿的发育成长，婴儿开始关注周围的事物。也就是说，婴幼儿的游戏离不开外界的支持。一方面是物质材料的支持，如玩具、生活用品、自然材料等。借助这些工具材料，婴幼儿可以进行探索、玩耍、摆弄，从而进入游戏状态。例如，床头悬挂的音乐旋转吊饰，婴儿在视觉追踪的同时，试图用手去抓小玩具，这也是在进行简单的游戏。又如，给1岁半的婴幼儿提供皮球，他会一会儿追着球走，一会儿又抱起皮球。另一方面是人的支持。婴幼儿能独自游戏的时间较少，出于安全的考虑，除了睡眠时间，其他大部分时间都需要保教人员关注、观察和陪伴，因此，游戏中不可缺少保教人员的支持和引导。保教人员要为婴幼儿提供新知识、新经验，示范新玩法，帮助他们解决困扰的问题等。

（二）生活化

婴幼儿的游戏与他们的生活密不可分。0—3岁婴幼儿游戏中的假想成分是逐步发展的，在早期游戏中假想、装扮、替代的成分并不多，更多的是从属于生活情境的游戏。在生活情境中开展游戏，伴随着对生活的感知和探索，可生成各种游戏活动。如勺子、小碗都是婴幼儿游戏的对象。10个月的婴儿玩在桌面上转勺子的游戏，1岁半的婴幼儿玩勺子舀豆子的游戏，2岁半的婴幼儿可能就会玩用勺子正面反面照镜子的游戏。游戏是现实生活的后续活动，是现实的反映活动，源于现实又从属于现实。通过游戏可改变婴幼儿对现实世界的认识，细化他们的认知经验，为越来越多的装扮游戏与以物代物游戏奠定基础。

（三）发展性

婴幼儿的游戏具有明显的阶段性和发展性，在本章游戏理论概览中也能看到心理学家、教育家根据婴幼儿的心理发展阶段对游戏的发展阶段做了概括。以客体永久性的发展为例，皮亚杰认为儿童的客体永久性是从出生的第一天就开始缓慢发展。他总结了"客体永久性"概念发展的六个阶段。在不同的阶段中，婴幼儿的游戏形式是不一样的。保教人员可以通过观察婴幼儿的游戏行为来判断他们已有的发展水平。游戏中的婴幼儿在运用已有认知经验的同时，又在不断创新和探索。正如本节开头的案例，保教人员与婴幼儿玩不同的游戏，可促进婴幼儿多方面的发展。又如常见的"躲猫猫"游戏在不同的发展阶段玩法不一样，1岁左右的婴幼儿玩藏东西，可以在他们眼前藏，然后让他们寻找；到了2岁左右，如果还这么玩就太容易了，这时需要让婴幼儿遮住视线，然后通过观察来判断和寻找。

婴幼儿游戏的发展性还体现在从无意识到有意识，也就是自主性的发展上。随着婴幼儿选择能力、判断力、主观意愿的发展，其游戏活动逐渐从成人引导与发起过渡为自主发生和自选内容。

📖 **拓展阅读**

"客体永久性"概念发展的六个阶段

第一个阶段（0—1个月）和第二个阶段（1—4个月）：0—1个月大的婴儿感知觉的发展重点是将自己和世界分离出来，他们的所有行为都围绕着这个主题进行，尚未发现有与客体永久性相关的行为出现。1—4个月大的婴儿仍然没有出现与客体永久性概念相关的任何行为。皮亚杰认为该阶段是客体永久性概念的前期准备阶段，婴儿已经有目的地重复各种动作，利用眼睛来追随物品。当物品离开视野的时候，他们的视线会做短暂的停留。

第三个阶段（4—10个月）：这个阶段的婴儿已经能够迅速地用眼睛追踪快速移动和下落的物体；婴儿看见物品的一部分，便会去相应的位置寻找整个物品。但是，皮亚杰并不认为此时的婴儿已经具备客体永久性的概念。"儿童认为物品只露出一部分的原因是它们正在消失，而不是被其他物体遮盖。"

第四个阶段（10—12个月）：这个阶段的婴儿已经知道即使客体不在视觉范围之内，它们也是存在的，所以他们会想方设法地主动去寻找被隐藏的客体。这似乎标志着婴儿的客体永久性概念已经形成，但是他们仍然不具备"可见位移"的能力。假如两次让婴儿看见我们把物品藏在A位置，并且婴儿在A位置连续两次找到该物品，然后我们让婴儿看见物品从B位置消失，这时的婴儿还是会继续在原来的A位置寻找，而不是去B位置寻找。

第五个阶段（12—18个月）：1岁左右的婴幼儿会在物品最后出现的地方找到物品，具备"可见位移"的能力。皮亚杰认为，婴幼儿此时便进入了第五个阶段。

第六个阶段（18—24个月）：婴幼儿能够找到不可见的位移的东西，即在感知运动阶段的末期，婴幼儿客体永久性的概念彻底形成。皮亚杰认为，客体永久性概念的形成是思维的开始，为婴幼儿进入下一个阶段（前运算阶段）的发展做好了准备。

皮亚杰认为 0—2 岁的婴幼儿获得客体永久性概念是儿童感知运动阶段的最大成就，皮亚杰称之为"哥白尼式的革命"。

摘自：冯夏婷 . 透视 0—3 岁婴幼儿心理世界：给教师和家长的心理学建议［M］. 北京：中国轻工业出版社，2016.

（四）重复性

婴幼儿的游戏具有明显的重复性特点。因为游戏是快乐的，能带给婴幼儿身心愉悦和舒适的状态，因此婴幼儿会重复感兴趣的游戏。重复做某个动作，重复玩某个玩具，重复听某个故事等，都是 0—3 岁婴幼儿典型的特征表现。他们通过不断重复有趣的游戏情节，将快乐一遍一遍重复、持续。因此，保教人员应当具有耐心，接纳婴幼儿游戏具有的重复性特点。当婴幼儿充分探索满足之后，就会生发出新的游戏行为，进入新的游戏阶段。此外，婴幼儿在重复的过程中也在进行练习和巩固。

> **·保教实践**
>
> 陈老师说："我发现 1 岁的涵涵已经能扶着桌子或椅子转圈圈了，他特别喜欢玩转圈圈的游戏。户外活动的时候，我看到他一手扶着杆子，然后一圈一圈转，转了几圈之后脸上露出了满足的笑容，然后去寻找另一个可以转的东西。有时，涵涵还会走到我身边，绕着我转，这时我就配合他，问他'宝宝在哪里，宝宝在哪里'，他听后就会非常开心！我想这应该是他喜欢重复的游戏，后面我会继续观察他有什么新发展。"

游戏还有一些其他的特点，但是对于 0—3 岁婴幼儿并非最典型的特征，因此，这里不着重加以阐述。综上所述的支持性、生活化、发展性、重复性是 0—3 岁婴幼儿游戏最典型的特征，但是保教人员在保教实践和观察评估时，还应当关注到游戏的其他特征，如自主性、虚构性、快乐性、体验性等。

二、婴幼儿游戏的分类

游戏的内容丰富多彩，形式各不相同，如果从不同的维度，寻找不同的依据，那么就会有不同的分类结果。理解和掌握常见的分类方法，可以帮助保教人员便捷地开展游戏。

该玩什么呢

小王老师刚从早期教育专业毕业，来到托育机构担任配班老师。班主任请她设计下周的计划，让她多准备一些游戏活动，这让小王老师犯了难。"我该准备什么样的游戏呢"，小王老师看着计划表上的户外游戏、室内游戏、桌面游戏、亲子游戏，一时间有些茫然。

（一）按照游戏内容进行分类

很多人都有疑惑：新生儿是否有游戏行为？新生儿的大部分身体活动是反射作用，也就是一种刺激反应的现象。游戏活动是有选择地通过感官接收信息。按照不同的游戏内容，可以对0—3岁的婴幼儿游戏活动进行以下分类。

游戏视频
2.5—3岁宝宝玩轮胎游戏

1. 动作技能游戏

动作技能游戏主要包含大肌肉动作和精细动作两方面。大肌肉动作游戏一般在户外进行，以肢体活动为主要内容，具体包括：走、跑、钻、爬、跳、投掷等。这类游戏既有一个人的游戏，也有几个人一起玩的游戏；既有利用身体的游戏，也有借助于器械的游戏。例如，滑滑梯、荡秋千、转椅等游戏，都需要借助器械。而小一些的婴儿对器械的依赖较少，对他们来说，成人的身体就是很好的运动器械，如爬成人的腿等。

0—3岁婴幼儿较为喜欢的一种动作技能游戏是律动游戏，可伴随音乐做出不同的身体动作，如模仿小动物的特点、模仿不同的情境动作等。托育机构经常会运用音乐来带领婴幼儿开展律动游戏。

▲ 图1-1 动作技能游戏——爬树

2. 语言类游戏

语言类游戏是婴幼儿游戏中一类较为有特点的游戏。在这类游戏中，大部分动作游戏伴随语言进行，一边说一边做动作，能起到促进婴幼儿语言发展的作用。例如，保教人员一边念儿歌"摸摸苹果脸、点点葡萄眼，捏捏粽子鼻，拉拉顺风耳"，一边触摸不同的五官，引发婴幼儿的模仿。在语言类游戏中，婴幼儿既模仿

▲ 图1-2 语言类游戏——怀念蚕宝宝

动作，也模仿语言，学习各种词汇。像念小儿歌、猜小谜语、指认命名、看图描述、语言模仿等都是语言类游戏的玩法。

3. 认知类游戏

认知类游戏的内容较多。在认知类游戏中，婴幼儿进行积极的操作活动去探索世界，从而促进思维的发展。认知类游戏一般都需要借助认知类的玩具。因此，保教人员会在活动中投放一些认知类游戏材料，如拼图、镶嵌板、套圈、串珠等，从而巩固婴幼儿对形状、颜色、大小、数量等概念的认知。

▲ 图1-3　认知类游戏——认识草莓

▲ 图1-4　认知类游戏——同伴观察小花

4. 社会性游戏

社会性游戏是指模仿社会角色，与他人互动的游戏。在社会性游戏中，婴幼儿可以装扮成爸爸、妈妈等家庭成员，也可以扮演小动物等角色，表演不同的动作、声音。在社会性游戏中，婴幼儿需要大量运用模仿和想象。例如，两名婴幼儿拿着小汽车来回开，口中念念有词，"哎呀，撞车了！我是警察，我来指挥交通。停车停车"。他们一边说一边把一辆玩具车放到一旁。

（二）按照人际互动进行分类

从自然人过渡到社会人离不开社会性发展，婴幼儿游戏的发展同样伴随着社会化的进程。因此，我们可以根据社会行为中人际互动的情况对婴幼儿的游戏进行分类。参考美国帕登对游戏的分类，我们选取了3岁之前的几种游戏分类。

1. 偶然的游戏行为

偶然的游戏行为没有明确的目标，时间较短，带有很大的随意性和偶然性。婴幼儿在这类游戏活动中，往往是东游西逛，看看这个，看看那个，经常更换操作对象，拿起来、换一个。他们有时会摆弄自己的身体，从椅子上爬上爬下或走来走去等，很少关注别人，这些行为都是婴幼儿的独自玩耍，基本没有社会交往。

2. 旁观行为或单独的游戏行为

旁观行为是指婴幼儿并没有做出游戏动作，而是在一旁观看。这是游戏的储备阶段。在这个阶段，婴幼儿可能只是对周围的人和事进行观察。婴幼儿在对周围的人和事了解、熟悉之后，才有可能出现单独游戏。单独游戏是指婴幼儿在周围有同伴的情况下，独自一个人游戏，游戏的材料可能与周围同伴的不同。他们自己玩自己的，不在意同伴的行为，同伴之间几乎没有互动、对话、交往，是一种社会性发展不成熟的游戏形式。

3. 平行游戏

平行游戏是社会性游戏的初级形式，婴幼儿之间已经形成了初步的玩伴关系。婴幼儿相互模仿，操作同样的或相似的玩具，开展同样的或相似的游戏，但游戏过程中，同伴之间各玩各的，没有交往或合作行为，但他们已经觉察到其他同伴的存在，而且会偶尔地关注身边同伴的行为。由于婴幼儿的语言表达能力有限，因此与同伴之间的言语交流较少。

4. 联合游戏

2—3岁婴幼儿会尝试和同伴一起游戏，偶尔说几句话，简单交谈互动。婴幼儿之间有分享玩具、交换材料等行为，但尚不能有共同的游戏目标或者角色分工，他们依然更关注自己的游戏活动，以自我为中心。婴幼儿之间开始表现出社交倾向，但交往程度还不够深入，此时是进行社会性教育的好时机。

5. 小群体游戏

合作游戏是社会性程度最高的游戏。通常来说，5岁以后的幼儿开始出现较多的合作游戏，这是因为合作涉及角色、规则等。对于0—3岁婴幼儿来说，合作游戏很少出现。有一种游戏称之为小群体游戏，它是指在托育机构场景下，由保教人员引导班级的婴幼儿一起合作完成某一项游戏任务，以初步体验小群体游戏中的合作行为。例如，保教人员扮演兔子妈妈，带领小兔子去散步，在地上洒落很多雪花片当胡萝卜，请所有"小兔子"合作把"胡萝卜"都捡回来，一起做"胡萝卜饼干"。可见，小群体游戏中会出现集体共同合作游戏的萌芽。

（三）按照游戏场景进行分类

0—3岁婴幼儿的生活范围通常是家庭，此外还有托育机构。可见，按照游戏场景的不同，可以将0—3岁婴幼儿游戏分为以下两类。

1. 家庭亲子游戏

家庭亲子游戏是指家长和婴幼儿进行的游戏。这类游戏对婴幼儿情绪情感的发展、安全依恋关系的建立都有重要的价值和作用。母亲一般是亲子游戏的主要陪伴者，但是父亲、祖辈、照看人等也应当成为亲子游戏的参与者，这样可以让婴幼儿体会到与不同人互动的感受。家庭中不同的房间，各种家具、用品等都是进行游戏和教育的素材，要让婴幼儿学会游戏、学会生活。

2. 教育场所游戏

教育场所游戏主要是指在托育机构内的游戏。这类游戏可以分为室内、室外游戏，也可以根据各个机构的保教活动安排分为不同的游戏，如晨间游戏、桌面游戏、律动游戏、艺术游戏、运动游戏、音乐游戏等。保教人员会对这类游戏进行周计划、日计划安排，从而将不同种类的游戏穿插其中。教育场所游戏在游戏的名称界定上并没有严格的分类和要求，有时会结合不同场所命名，如厨艺游戏、积木游戏、拼插游戏等。

内容小结

本章阐述了婴幼儿游戏的基本概念，对游戏的内涵进行了解读，全面介绍了与0—3岁婴幼儿游戏相关的基本理论。从身体发展、心理发展、社会性发展角度阐明了游戏的价值和作用，还明确了0—3岁婴幼儿游戏的四个典型特征。从不同角度对婴幼儿游戏进行了分类，可帮助保教人员更准确地理解和观察游戏。

课后练习

1. 结合本章所学，选择一种游戏理论，对其进行分析与评价。
2. 婴幼儿的游戏有哪些发展价值，请运用思维导图的方式进行梳理。
3. 根据游戏的不同分类，列举相应的游戏行为和表现。

实训任务

在实习过程中，选择一个婴幼儿作为观察对象，记录并分析其游戏案例。

第二章 | 婴幼儿游戏环境创设

 学习目标

1. 掌握婴幼儿游戏环境创设的基本要求和具体内容。

2. 理解婴幼儿室内外游戏环境创设的基本原则。

3. 能够根据不同年龄阶段，设计较为合理的托育机构的班级环境。

4. 能从不同维度，对婴幼儿游戏材料进行分析，选择适宜的游戏材料，创编多种游戏方法。

第一节   室内游戏环境的创设

本节概览

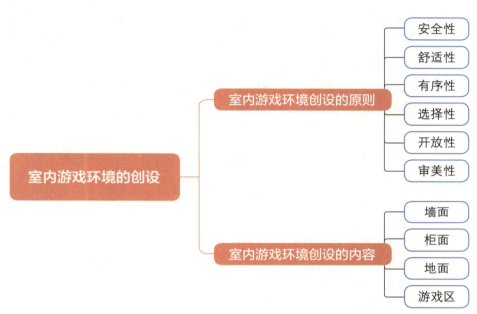

案例导入

怎么选托育机构

妮妮2岁了，妈妈要给她选择一个优质的托育机构，于是通过上网搜索、在朋友圈打听来寻找。但是，看来看去妮妮妈妈却犯了难，因为大家推荐的都是一些装修精美的园所，看上去高大上，可是妮妮妈妈喜欢亲近自然的园所，不希望孩子每天生活在固定不变的地方。于是，她在选择时到每个托育机构都参观了一下，当看到他们的室内设计各不同时又犯了难：原来每个托育机构都有自己的风格，除了基本设施和标准配置之外，宝宝的玩具、材料也不完全一样，那么到底选哪个好呢？

阅读上述案例，讨论：妮妮妈妈为什么会遇到"选择困难"的问题？很显然，她对婴幼儿室内游戏环境并不了解。作为保教人员，应当知道如何帮助妮妮妈妈答疑解惑，帮助她学会从哪些维度去考量托育机构的室内环境。本节将一起学习婴幼儿室内游戏环境创设的问题。

一、室内游戏环境创设的原则

环境对婴幼儿发展的重要性不言而喻，有了适宜的游戏环境才能开展丰富多彩的游戏活动，才能保障婴幼儿身心健康发展。室内游戏环境创设应遵循以下原则。

（一）安全性

游戏环境最重要的是确保婴幼儿的身心健康，不能有安全隐患。保教人员要精心检查每一种材料、每一个角落是否存在锋利、破损的地方，如果发现要及时更换，消除安全隐患。由于0—3岁婴幼儿的自我保护意识不强，因此保教人员应选择木质、塑料制品等不容易破碎的材料，避免玻璃、镜子等物品。如果有过于细小的部件，保教人员也要仔细查看是否适合当前班级的婴幼儿，如果不适合，先不要让他们接触，以免婴幼儿误食或者放入耳朵、鼻孔等，造成意外事故。

保教人员要避免的误区是：存在尖锐、锋利、细小物及绳子等容易产生安全隐患的物品。

• 游戏研讨 •

葛老师是一位工作了十余年的托班保教人员。一天中午，宝宝们午休了，她在玩具柜前，把每个玩具认真放在手里把玩，拿起这个小碗摸一圈，又拿起那个叉子碰一碰。园长看到后问她在干什么，她说："早上来了一批新材料，我再检查一遍，娃娃家有几个新玩具我还没有摸过，怕万一有边边角角不光滑，孩子们下午玩的时候割到手。"园长对葛老师细心的态度和高度的安全意识表示赞赏。

（二）舒适性

0—3岁婴幼儿开始从家庭环境转到托育机构生活，要花一定的时间适应周围环境与人，因此托育机构的室内游戏环境要营造出舒适、温馨的氛围。柔软的材料、宽松的布局，能让婴幼儿感到轻松愉悦。硬度适宜的爬行软垫与可以依靠的小沙发或靠垫等，能让婴幼儿舒服地开展游戏。

保教人员要避免的误区是：使用过于生硬，缺少柔软物的物品。

• 游戏现场 •

薛老师迎来了新一届的托班宝宝，她铺上了大面积的地垫，让宝宝们自由爬行、翻滚。墙边的软积木可以根据宝宝们的需要搭建成不同的游戏场景，开展不同的游戏内容，如钻山洞、滑滑梯等。

▲ 图 2-1 托班游戏场景

（三）有序性

0—3 岁婴幼儿处于秩序敏感期，周围环境的整洁、物品摆放有序能让他们产生安全感。因此，游戏环境也需要遵循有序性的原则。保教人员可将物品和收纳位置——对应，贴上相应的标签，并且不要过于密集。有些保教人员习惯于把各类水果玩具、切菜玩具堆放在一起，这样不仅不利于婴幼儿取放，也不利于培养婴幼儿的秩序感。

保教人员要避免的误区是：游戏材料未能从培养婴幼儿秩序感的角度出发，随意变化，收纳不整齐。

● 游戏现场 ●

薛老师创设了温馨的娃娃家场景，在这里有两面墙，一面墙摆放大小不同的娃娃，一面墙放家具、玩具。在娃娃家，每样物品都有自己固定的位置。薛老师也很注重在游戏时引导婴幼儿有序摆放，如不乱放锅碗瓢盆等。

▲ 图 2-2 娃娃家

（四）选择性

不同的材料指向不同的经验和领域内容。游戏的材料应当丰富多样，以便于婴幼儿自由选择。在自主、自由的环境中，婴幼儿能够探索新奇的事物，开展不同的游戏内容。此外，提供多种游戏材料供婴幼儿选择也是对婴幼儿个体差异的尊重和体现。由于每个婴幼儿的发展速率不同，保教人员在创设环境时要充分考虑到这些不同。

保教人员要避免的误区是：游戏环境单一、乏味，没有可选择的余地。

· 游戏研讨 ·

薛老师为了提高宝宝的精细动作，研发了多种游戏材料，便于孩子们自由选择。薛老师观察到今天早晨有 7 名宝宝选择玩串珠游戏，可能是因为薛老师为该游戏设计了一句游戏语言"给小动物们串糖葫芦"。不同颜色的串珠代表不同口味。酸酸甜甜的糖葫芦是深受婴幼儿喜欢的食物，串糖葫芦的游戏让婴幼儿玩起来兴趣盎然。薛老师看见有宝宝做完一串"糖葫芦"，便引导他说"啊呜啊呜吃完了"。这样一边说，一边把串珠放回原处，自然就完成了收纳的过程。

▲ 图 2-3　串珠游戏

（五）开放性

开放性是指室内游戏材料并不是一成不变的，而是可以更换、调整的。游戏环境创设是一个动态开放的过程，包括空间的逐步调整、材料的游戏更迭、路线的合理规划等。每过一段时间，保教人员需要根据婴幼儿的身心发展状况、季节变化、整体环境调整进行新的布局，增加新的材料，丰富婴幼儿的生活体验，发挥教育的最大功能。

开放性还指婴幼儿对环境的参与具有开放性。0—3 岁婴幼儿的涂鸦作品、手工作品等，都可以成为游戏环境的一部分。例如，婴幼儿揉的纸团可以作为"抛球"游戏的材料，涂鸦的立体大树可以作为运动游戏的材料等。因此，保教人员要保持开放性的态度去创设游戏环境。

保教人员要避免的误区是：只有购买的材料才是游戏材料；游戏环境创设是成人的事情。

（六）审美性

环境会影响婴幼儿的心情和感受，在充满美感的环境中，婴幼儿会感到愉悦，愿意参与游戏。因此，保教人员在创设环境时要注意色彩搭配和谐美观，避免过于鲜亮的色彩和多种色彩带来的凌乱感，要有整体、统一的风格。通常，保教人员会用淡粉、淡蓝、淡黄、淡绿等色彩作为主色调，再加以点缀和变化，营造温馨舒适的环境，在选择卡通形象时也要注意避免让婴幼儿感到恐惧的形象。

保教人员要避免的误区是：婴幼儿的游戏环境花花绿绿的，色彩繁杂，缺少美感。

● 游戏现场 ●

曹园长准备新开设一个托班，和薛老师商量后，选择以蓝色为主色调创设环境：地垫选择天蓝色，给宝宝一种安全感，用于开展运动游戏；游戏墙也选择了蓝色背景，辅助一点白色，用来呈现日常婴幼儿活动的照片和涂鸦作品；玩桌面游戏的桌椅选择了深蓝色和白色加以衬托；用纸箱制作了蓝色的游戏屋，让宝宝可以推着游戏小屋玩，也可以钻进钻出。蓝色的环境使班级看上去色彩和谐。

▲ 图 2-4 游戏场地

二、室内游戏环境创设的内容

室内的游戏环境是立体的，有很多设施设备、墙面、地面等，都可以作为婴幼儿游戏的环境。因此，保教人员要全面观察和规划，因地制宜地创设适宜的环境。

（一）墙面

对于婴幼儿来说，墙面上的图画、软包、栏杆等都是游戏的工具。比如，借助这些工具，婴幼儿可以进行观察、指认的语言游戏，也可以玩拍拍打打的触摸游戏，还可以依托扶手、围栏等玩站起、蹲下的运动游戏。因此，保教人员可选择位置合适的墙面作为触摸墙、观察墙等，但是墙面要远离门、窗、台阶等，以免存在安全隐患。

保教人员还可以设置一些镜面，让婴幼儿通过观察镜面中的自己，从而感知自我的存在。例如固定在墙面上的镜子，注意将边缘做安全处理，这有利于促进婴幼儿的自我意识发展。

（二）柜面

玩具柜、橱柜等是托育机构常见的设施设备，因此，保教人员可以充分利用橱柜的板面创设相应的游戏场景和环境。柜面的高度以便于婴幼儿站立操作开展游戏来设置。

▲ 图 2-5 "给奶牛吃草"

保教人员在玩具柜背面做了"给奶牛吃草"的游戏情境，并提供了淡绿色的皱纹纸供婴幼儿撕纸、团纸，然后放入奶牛的大嘴巴，喂奶牛吃"草"。

▲ 图 2-6 美发店

保教人员在柜面用假发玩具创设了美发店的场景。柜面上方小抽屉中有各类用手指捏的小夹子，便于婴幼儿取放和操作。

柜面上还可以用于展示生活中常见的物品或者婴幼儿的作品。生活中常见的物品可以帮助婴幼儿拓展生活经验，随时指认命名。婴幼儿的涂鸦作品、手工作品则有助于帮助婴幼儿回顾发生过的事情，促进婴幼儿记忆力的发展。

• 游戏现场 •

曹老师在设计托班环境时，将成品玩具进行二次开发，做成了具有颜色匹配功能的车轮配对玩具，放在橱柜的顶面，方便婴幼儿站立着将滚轮嵌入纸板做成的小汽车中。曹老师将斜坡轨道则固定在橱柜背面，并且增加了滚筒，这样便于婴幼儿在放置车轮之后观察到运动过程与最后滑入收纳盒中的过程，而且还能避免婴幼儿在游戏过程中因将车轮滚得满地都是而产生懊恼的情绪。

▲ 图2-7 斜坡轨道

（三）地面

地面游戏环境对于0—3岁婴幼儿尤其重要，这是因为小年龄段的婴幼儿还需要经常爬行。因此，保教人员需要在地面上铺设地垫、地毯等来开展游戏。此外，稍大一些的婴幼儿也喜欢坐在地面上、地垫上活动。可以说，席地而坐是托育机构特有的游戏场景。因此，保教人员可以运用软垫、地毯、靠垫等营造地面的游戏情境，也可以粘贴一些图画、符号等，为婴幼儿提供立体的游戏空间。

• 游戏现场 •

曹老师在地板上铺好大泡沫垫，将自制的大型游戏材料放在上面，又用纸板箱制作了小汽车玩具。这样，婴幼儿可以转动车厢进行游戏，也可以用旁边的螺丝玩具玩修汽车的游戏。

▲ 图2-8 小汽车玩具

保教人员可以根据婴幼儿游戏的不同的需求来选择地垫。例如，长方形的海绵垫可以供2—3名婴幼儿一起坐，也可以拼接起来形成一条爬行的小路，进行爬爬乐的游戏活动；圆形的地毯可供4—5名婴幼儿围圈坐，也可以进行小群体游戏；人手一块的圆形靠垫则可以让婴幼儿根据游戏需要随时改变位置。游戏环境设计，应与不同的游戏内容紧密相关。对于能站、会走的婴幼儿，保教人员则可以运用地面开展不同的游戏，如走线、占圈等。

拓展阅读

　　曹老师在托班门口的地面上创设了开小火车的游戏情境。她用即时贴做了一列绿色小火车，除第一格贴上火车头外，其余格子按顺序贴上小动物的头像依次分割成一格一格的位置，供宝宝们站立。

▲ 图2-9　直线"小火车"

▲ 图2-10　转角"小火车"

　　游戏开始啦，宝宝们选择自己喜欢的小动物图案，站在影子图案上。伴随着音乐《小火车开来了》，宝宝们站上小火车，做双手转动的动作模仿车轮转动，把小火车开起来了。听到"咔嚓咔嚓"声音时，宝宝们转动双手；听到"呜呜"汽笛声时，伸手拉拉汽笛。就这样，老师带领宝宝们玩起了音乐律动游戏。

　　摘自：曹宇.幼儿教师教育教学技能全解［M］.上海：华东师范大学出版社，2015.

（四）游戏区

托育机构的游戏区与幼儿园的班级游戏区不同。幼儿园的班级游戏区通常包含语言区、美工区、科学区、益智区、表演区、角色区等不同内容的游戏情境。由于0—3岁婴幼儿年龄较小，游戏内容与情节并不是很复杂，因此托育机构的游戏区通常只需要2—3个即可。游戏内容也可以根据婴幼儿的兴趣调整，也可以不划分区域，将游戏材料有序摆放和整理即可。但是，保教人员应当结合婴幼儿发展目标，对游戏区的材料进行合理规划。

我们结合三个年龄段的"游戏研讨"，来看三位保教人员在设置游戏区时是如何进行整体思考的。

● 游戏研讨 ●

陈老师今年教的是乳儿班的宝宝，年龄在1岁以内。她对室内游戏区的规划是以婴儿床为单位，在床边设置小推车，车内投放适合该宝宝的啃咬游戏材料、布类材料、摇铃等。此外，当宝宝们醒来之后，可以到爬行区进行活动，锻炼爬行能力。她还设置了小沙发供宝宝学习走路的时候扶着，另外在墙边也装有扶手、扶杆。

● 游戏研讨 ●

曹老师今年教的是托小班的宝宝，年龄在1—2岁。她对室内游戏区做了三个模块的规划。

模块一：想象表征的游戏环境

我们班的10个宝宝基本上都开口说话了，也很喜欢专注操作，尤其是对于小汽车、锅碗瓢盆等特别喜欢，因此我创设两个想象表征的游戏环境：一是创设男宝宝特别喜欢玩的汽车城，投放一些不同大小、种类的汽车玩具，利用纸板、木板、泡沫板制作不同的马路。二是提供大部分宝宝都喜欢的小厨房，在这里他们可以假装吃东西、喂饭、抱抱奶瓶等，能满足宝宝的心理需求。

模块二：模拟生活的游戏环境

我们班的宝宝们精细动作逐渐发展起来，因此我创设了撕纸、涂鸦、叠毛巾、扣扣子、梳头发等生活游戏环境，并且随着生活体验的丰富，不断增加日常生活中常见的勺子、碗等用品，让宝宝们在玩中学。

模块三：促进发展的游戏环境

我准备了一个小书架，上面放若干本近期宝宝们喜欢听的故事绘本。我会定期给他们讲一讲，促进语言发展。我还设置了一个小花架，上面放着种植的大蒜苗、格桑花等，下面放了一个小鱼缸，里面还有一条小金鱼，这样便于宝宝们每天都可以观察和发现不同，培养他们的好奇心。

根据婴幼儿对汽车的兴趣，保教人员设计了不同线条的车道场景，让婴幼儿可以手眼协调地进行操作游戏。

▲ 图2-11　车道场景

保教人员制作了不同的立体汽车材料，让婴幼儿可以一一对应摆放，也可以自由对话和游戏。

▲ 图2-12　立体汽车

· 游戏研讨 ·

王老师今年教的是托大班的宝宝，年龄在2—3岁。她对室内游戏区做了以下规划。

（1）生活区，投放小水壶、舀米勺、小簸箕、小扫把、小毛巾等日常生活用品。

（2）语言区，投放手指偶、毛绒玩偶、图画书。

（3）艺术区，投放毛刷、海绵球、棉签等不同的涂鸦工具和颜料，以及卷纸筒、小石头、树叶等用于艺术创作的材料。

（4）探索区，投放了拼图、镶嵌玩具等益智操作材料。

（5）娃娃家，创设了一个模拟小家庭，有小卧室、小厨房、小客厅等。

"给宝宝夹夹子"通过动手操作，增强婴幼儿的自信心。

▲ 图2-13　夹夹子游戏

"给小熊喂馄饨"，让婴幼儿尝试用夹子夹取物品。

▲ 图2-14　"喂馄饨"游戏

通过以上三个年龄的游戏区规划，我们可以看出室内游戏环境的创设要跟婴幼儿的发展阶段和年龄层次紧密结合。此外，同一时间段内班级中的游戏材料不宜过于繁杂，以免造成婴幼儿难以选择的问题，并且物品的标记应当清晰，可以通过一一对应的方式进行收纳。保教人员可以根据婴幼儿的数量、需求、爱好制定个性化的游戏环境，过一段时间后再进行调整，从而体现发展上的丰富性。

第二节　室外游戏环境的创设

 本节概览

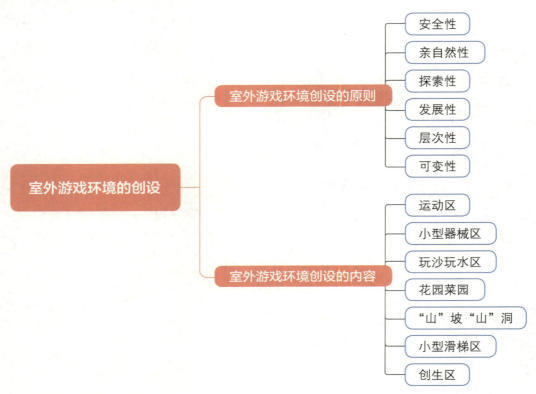

室外游戏环境的创设
- 室外游戏环境创设的原则
  - 安全性
  - 亲自然性
  - 探索性
  - 发展性
  - 层次性
  - 可变性
- 室外游戏环境创设的内容
  - 运动区
  - 小型器械区
  - 玩沙玩水区
  - 花园菜园
  - "山"坡"山"洞
  - 小型滑梯区
  - 创生区

📁 案例导入

宝宝喜欢户外游戏吗

　　佳佳 1 岁 4 个月了，妈妈在选择托育机构的时候，很关注户外活动场地，因为平时佳佳在家待不住，总吵着到外面玩。佳佳妈妈发现，有的托育机构铺设了塑胶地，但是天热时有一定的气味，担心对宝宝的健康不好。佳佳妈妈还发现，有的园所则是开放式户外活动区，小区的人很多，而且有的园所在楼房一楼，不仅担心人员杂乱，而且担心高空抛物，很不利于宝宝的安全。佳佳妈妈不禁感叹道：平时看起来到外面转一圈是很简单的事情，但是没想到要选择一个适合宝宝在户外活动的园所还真不是一件容易的事情。

阅读上述案例，不难发现适合 0—3 岁婴幼儿的户外游戏场地并不那么好找，相信很多人都曾经遇到过像佳佳妈妈一样的困惑。作为保教人员，应该如何评价和判断 0—3 岁婴幼儿室外游戏环境，又该怎样创设安全、环保并具有教育意义的室外游戏环境？本节将结合游戏案例，对室外游戏环境的创设进行探讨。

一、室外游戏环境创设的原则

室外游戏环境应当提前进行整体考虑，从最初的选址、规划、布局、设计、施工、材料选择等多方面都要体现出对安全、环保、科学、教育的独特视角和特殊需求。

0—3 岁的婴幼儿尤其喜欢到户外进行活动。户外的阳光、空气、沙、水、风声、雨声、鸟鸣、蝉鸣能给婴幼儿带来丰富的感官体验，并有助于他们的身体发育和视力发展。随着婴幼儿身体运动能力发展，活动的范围从婴儿床扩展到地面，从室内扩展到室外，进而体验更多的空间布局和场地变化。随着婴幼儿肢体控制能力的增强，以及站立、爬行、行走、奔跑等运动能力的发展，户外活动和游戏成为婴幼儿生活中必不可少的组成部分。

0—3 岁婴幼儿喜欢在柔软的草地上走、跑、爬。滑梯、转椅等小型运动设施适合 0—3 岁婴幼儿。

▲ 图 2-15　户外游戏场地

秋千、摇椅等小型运动设施适合 0—3 岁婴幼儿。

▲ 图 2-16　小型运动设施

保教人员自制了可以推动旋转的转筒、可以钻爬的纸箱。

▲ 图2-17　保教人员自制玩具

　　良好的室外游戏环境蕴含多样化的游戏目的，能满足婴幼儿多种运动需求，实现婴幼儿的全面发展。在创设室外游戏环境时，保教人员应当遵循以下几个原则。

（一）安全性

　　安全是最基本的前提和原则，如果一个游戏场地，看上去五颜六色、热闹非凡，但是存在安全隐患，或者当婴幼儿站上去或坐上去时可能会造成身体损害，那么这种场地是无论如何都不能在托育场所使用的。近年来，不时会有一些新闻报道婴幼儿在一些公共设施、娱乐场所中受到意外伤害。究其原因，有些是人为主观看护不到位，有些是设施设备本身的缺陷，或者不适合低龄婴幼儿使用。因此，在室外游戏时，除了检查设施设备的硬件安全之外，还需要照顾婴幼儿的成人时刻保持安全意识，目光始终关注婴幼儿，这样才能确保婴幼儿的身体安全。

地面做软化、弹性处理，确保婴幼儿户外活动时的安全。

▲ 图2-18　安全的地面环境

1.周边环境的安全

具体而言，保教人员首先要确保婴幼儿户外活动场地周围是安全的。主要包括：环境中没有异味，远离污染物，如远离垃圾桶、变电房等；避免高空抛物的问题，在创设时也要通过搭建安全棚、加装防护网等方式做好保护措施；防止动物伤害到婴幼儿，如一些园区周围存在流浪猫、流浪狗等，对婴幼儿来说存在一定的安全隐患，因此也要进行常态化的驱逐和防范；还要避免托育机构外墙的围栏过矮，使各类人群随意进出而造成安全隐患等。有些托育机构采取开放式户外环境，这就需要与周边社区、人群达成一致，共同维护和保持婴幼儿活动空间的安全、有序和整洁，避免烟头、生活垃圾等破坏婴幼儿室外游戏环境。

拓展阅读

研究表明，在户外玩耍的婴幼儿比在室内玩耍的婴幼儿表现出更好的视觉运动整合力、想象力、言语和社交技能。

宝宝的视力发育，主要靠外界的光线刺激，也就是说，如果眼睛长期缺乏足够光线，对其视力发育十分不利。

有人说"刚出生的小宝宝见不得光"，但如果长时间让宝宝处于光线昏暗的房间，只会导致其眼睛缺乏外界刺激，造成视力发育不良。眼科医生认为，小宝宝眼睛确实不能受强光刺激，但正常的光线刺激对其视力发育是必不可少的。宝宝出生后前6个月是视觉发育的关键期，这一时期的宝宝非常喜欢光和色，而这些光和色刺激对宝宝视力的正常发育相当重要。

如今许多孩子出现视力不良的情况，其原因之一就是长时间受不到足够的光线刺激。现在很多孩子，特别是城市里的孩子，周一到周五在托育机构，周末更多的时间是在家看书或看电视，因此孩子的视力范围长期局限在10米以内，再加上家里光线不足，更容易造成孩子视力出现问题。为此，眼科医生建议家长："多带孩子到视野开阔、阳光充足的室外环境玩耍，这对孩子的视力发育有很大的促进作用。"

2.场地内部安全

除了周边环境的安全，保教人员还要确保场地内的安全。从设计开始，场地的高度、坡度等要符合婴幼儿身体发展的特点。场地可以有适当的坡度，但是要避免地面过于高低起伏，造成行进困难，或者导致容易积水、藏污纳垢等，不利于保持环境卫生。在材料选择上，要注意选用符合安全标准的玩具设施。例如，所安装的大型玩具在高度、难度上要符合 0—3 岁婴幼儿的身体发育需求，不能使用难度过大或不适合低龄婴幼儿的材料，尤其不能因为价格便宜而选择不符合环保和安全要求的设施设备。

· 师德风采

薛老师说："每天户外活动之前，我都会光着脚把沙池踩一遍，以免里面有一些尖锐的物品遗漏，被同事们戏称为'踩沙'。后来大家也学着我的样子，在山坡上'踩山'，在草坪上'踩草'，充分感受地面的高低变化和起伏，检查是否有一些潜在的风险。其实对我们来说，这也是一个很快乐的时光，仿佛回到了婴孩时代，用身体感受每一寸土地。很多家长不让宝宝光脚，这在一定程度上剥夺了宝宝的触觉和丰富的体验感受。"

（二）亲自然性

亲自然性是指在室外游戏中让婴幼儿充分感受大自然的事物与变化。婴幼儿的成长发育过程离不开阳光、空气和水，更需要接触花草树木、虫鱼鸟等。婴幼儿是天生的生物学家、探险家，对自然中的动植物表现出不同的好奇心、探索欲望。因此，良好的室外游戏环境，应当充分利用自然条件、自然物，为婴幼儿创设可以玩耍的空间和场地。通常，保教人员可以设置宽敞的草地、小菜园、小花园等，还可以饲养一些安全的小动物，如兔子、鱼、鸟等。

· 游戏现场

佳佳妈妈很担心宝宝入托后不适应，但是薛老师说："宝宝表现得很好呀，每天都跟着我们去园区里的各个景点'打卡'。看，他好开心的。"薛老师一边说着，一边拿出手机，给佳佳妈妈看照片。

这是在种植地拍的，薛老师说："佳佳在种植地拔菜叶，双手用力拔呀拔，然后抓着这些菜叶，运到饲养区。平时，我们还会拔萝卜、摘黄瓜，宝宝们可喜欢了。"

这是在饲养区拍的，薛老师说："这边有小兔子、大公鸡、大鹅，宝宝把叶子塞进去，看着小动物们吃了起来。你看佳佳，他一边跟小兔子说话，一边蹦蹦跳跳，很开心。"

佳佳妈妈感慨道："以前我总觉得高大上的托育机构很好，但是现在明白了，那种人造草皮，没有自然元素，其实这些大自然的恩赐，才是最好的礼物。"

薛老师说："是呀，现在的孩子不缺少塑料玩具，但是很缺少亲近自然、走进自然的机会。咱们的园区里有二十多种果树和农作物，一年四季瓜果飘香，夏天我们请你和宝宝一起来摘西瓜呀！"

佳佳妈妈连连点头，为自己选择了一所有丰富自然资源的托育机构而高兴。

3岁以前的婴幼儿对花花草草、昆虫等非常感兴趣，经常会发现成人看不到的细节。户外游戏环境的亲自然性有助于培养婴幼儿的好奇心，用多种感官感知自然物。一片树叶、一朵花，都是很好的游戏材料，保教人员可以带领婴幼儿在自然中开展各种游戏：在草坪上滚动身体玩"压路机"的游戏；抛接树叶，体验一场"树叶雨"的游戏；跟蝴蝶嬉戏追逐，玩"小猫捉蝴蝶"的游戏等。因此，保教人员可与婴幼儿一同寻找各类自然物，在寻找的过程中与婴幼儿一起开展各类游戏。

（三）探索性

室外游戏环境中应当有可探索的材料或场地。通常以玩沙、玩水为探索的游戏环境，主要体现为在户外设置水池和沙池。此外，还有一些托育机构设置了泥坑，用于让婴幼儿探索泥土的性质、性状及改变情况。

以水池为例，托育机构应该在做好防滑的基础上，为婴幼儿提供适合不同季节的玩水设施设备。夏天，在户外投放舀水工具，可以让婴幼儿直接玩水。对于稍大一些的婴幼儿，还可以提供模拟压水井、水车等材料，用于感知水的运动、变化；还可以通过水管、水槽的辅助，让婴幼儿自己探索水的流动。

沙池也是常见的探索性室外游戏区。目前不同的托育机构有不同的使用方式，有些提倡让婴幼儿光脚踩沙，刺激足底和感官发展，感受沙子的独特触感和流动性特征；有些则让婴幼儿穿上雨鞋、鞋套等，跟玩水相结合，在动手操作过程中感受自身动作使沙子形状、位置等发生变化的结果，满足婴幼儿对事物探索、控制的心理需求。

（四）发展性

如果说安全性是在前期规划设计时必须考虑的，那么发展性则是在日常中保教人员需要考虑和遵守的基本原则。其目的在于让每一天的室外游戏环境都蕴含促进婴幼儿身心健康发展的教育价值，让婴幼儿在原有水平上得到一定程度的发展。

事实上，很多室外游戏设施本身都具有一定的发展价值，但是同样的设备对每个婴幼儿的发展作用不一定相同，因此，保教人员需要具有专业的敏锐性，从看似平常的室外游戏中捕捉到多元、丰富的发展价值。保教人员还需要结合此时此地婴幼儿的身心发展特点、兴趣爱好、能力水平，在室外游戏中增加一些游戏材料，或者是将部分室外游戏环境和材料结合使用，从而实现促进发展的目的和价值。

以托育机构常见的一条室外小路为例，不同的季节对婴幼儿有不同的发展价值。春季，保教人员可以引导婴幼儿在小路上散步，发展运动能力；夏季，结合树荫、光影，保教人员引导婴幼儿观察和发现树影斑驳的自然现象；秋季，保教人员引导婴幼儿在小路上体验踩踏树叶发出的沙沙声，发现落叶与正常树叶的区别；冬季，保教人员给婴幼儿创设一条滑冰小路，可以让婴幼儿坐在纸壳、篮子、滑板等物品上，借助外力在小路上滑行，也可以在做好安全措施的情况下，让婴幼儿直接感受冰路。同样一条室外小路，能玩出多种发展价值，其根本原因在于保教人员对游戏内涵的把握。他们既能对人与环境关系进行思考，又能设身处地将自身与童心融为一体，将专业知识、专业思考、教师道德、教育理想交织融合，创造出多种具有发展价值的游戏活动。

（五）层次性

同一个托育机构会招收不同年龄的婴幼儿，例如从半岁到三岁，进行不同年龄的编班，因此，以班级为单位进行室外游戏活动时，需要在室外游戏环境上体现出层次性。

保教人员可根据婴幼儿的年龄层次来选择适合的游戏场地和游戏材料。以小池塘为例，在周围的环境创设上体现出以下的层次：有供 1 岁婴儿观赏的小鱼，有供 2 岁婴幼儿行走的小桥，有供 3 岁婴幼儿捞鱼、捞蝌蚪用的网兜。这样的设计分别指向了 1 岁婴儿的视觉追踪能力的发展，2 岁婴幼儿的运动能力的发展，3 岁婴幼儿使用工具能力的发展。

（六）可变性

可变性是指室外游戏环境不是一成不变的，而是可以定期进行调整，能随着游戏需要的变化而进行美化、优化，具有内在的创造性。尽管 0—3 岁婴幼儿需要秩序性强、稳定的环境，但是适当的变化也能给他们带来新的挑战和机遇。

一年四季中托育机构的花朵、小动物是不断生长变化的，大型玩具中的细节也是可以有创新玩法的，同一个设施设备的高度、尺寸也是可以调节的，移动式的室外玩具设施位置是可以随着树荫、季节进行变化的。

二、室外游戏环境创设的内容

如前所述，室外游戏环境创设的内容也是丰富多样的，既有安装固定的，也有可以拖动、挪动的，还有可以新增变化的。基于以上原则，这里列举一些常见的托育机构室外游戏环境创设内容。事实上，托育机构可以有很多种游戏环境的创设方式。

（一）运动区

运动区是室外专门让婴幼儿根据运动能力进行活动的场地。对于婴幼儿来说，在室外有一大片可以爬行的场地是非常有必要的。例如，在树荫下铺上爬行垫、海绵垫等，不同年龄的婴幼儿可以有不同的玩法：1岁以内的婴儿可以躺着或爬行；1岁以上的婴幼儿可以一边探索周围的环境一边开展一些小游戏；2岁以上的婴幼儿可以将垫子搭成不同的造型来玩各种有创意的游戏。如果草地足够柔软、安全、有弹性，婴幼儿可以在草地上进行爬行、滚动、奔跑等游戏。

▲ 图2-19 在运动区玩游戏

（二）小型器械区

小型器械是指人手一份可以供婴幼儿拿着的游戏材料，如沙包、海绵棒、奶粉桶、各种球类等。以球类为例，它是婴幼儿喜欢的室外游戏材料，大到羊角球、瑜伽球，小到皮球、软球等都适合0—3岁的婴幼儿。因此，保教人员可以在室外设置专门的用于滚球、推球、扔球、抛球、捡球的游戏区。

▲ 图2-20 玩小型器械

（三）玩沙玩水区

如前文所述，玩沙玩水对婴幼儿身体发展、心理健康均有很多益处，因此保教人员可以设置玩沙玩水的活动区。保育人员要注重对沙水区的日常养护，以免水池中的水受到污染，或者有太多的杂物。在婴幼儿不玩的时候，保教人员也要采取覆盖或遮盖等方式保护沙池，以免沙中藏有动物粪便、树叶或其他有可能伤害到婴幼儿的物品。

（四）花园菜园

有条件的托育机构可以利用空间场地中光照较好的土地，设置花园、菜园，用于满足婴幼儿对大自然的好奇心和探索欲望。保教人员可以根据所在地的天气特点、农耕常识，种植生长周期较短、容易存活的花卉、农作物等。例如，有的托育机构在不同的季节种植格桑花、向日葵、玉米、黄瓜等，一年四季都可以观察并开展种植教育活动。

▲ 图2-21 在小菜园观察

▲ 图2-22　"山"坡"山"洞

（五）"山"坡"山"洞

托育机构可以利用不同的方式，创设有一定坡度的室外游戏场地。例如，对自然形成的小山坡，如果没有地形上的变化，保教人员便可以利用木板搭成坡度适宜的斜坡，也可以用人工方式制造一个小坡。同样，保教人员还可以借助自然地形或人工方式给婴幼儿提供可以钻的洞、隧道等，促进婴幼儿的身体发展。

（六）小型滑梯区

托育机构中的户外器械的尺寸比幼儿园的器械器材要小，常见的组合玩具也是小型的，难度、坡度、长度、高度等都有所区别。如滑梯，在材质上有木质滑梯、塑料制品的滑梯等。保教人员可以根据场地大小，选择适合的小型滑梯或组合玩具，供婴幼儿在室外游戏。

（七）创生区

事实上，由于每个托育机构的位置、空间不同，保教人员还需要根据托育机构所在地的文化、自然条件进行创设。例如，在室外的涂鸦游戏区，保教人员将大面积的布铺在地上或者悬挂起来，便于婴幼儿自由自在地在上面涂鸦，既可以用脚丫踩出颜料图案，也可以用喷水工具涂鸦。又如，在室外的野炊区，保教人员可以用锅碗瓢盆、瓶瓶罐罐创设玩过家家的游戏环境。在室外的骑行区，保教人员可以为年龄稍大一些的婴幼儿提供小车，还可以增加一些交通安全的标识。以上这些做法为每个托育机构形成自己与众不同的特点留下了创造性的发挥空间。事实上，托育机构也应当留有一些个性化的室外游戏区，尽管最初可能是"留白区"，但最终可根据婴幼儿的爱好和园所的发展形成独特的室外游戏环境。

第三节 婴幼儿游戏材料的选择

 **本节概览**

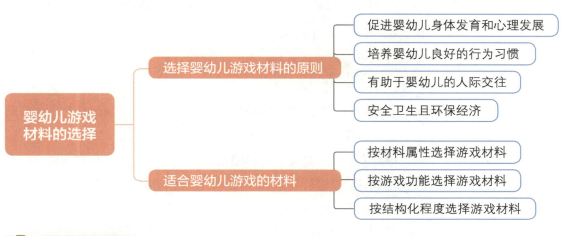

婴幼儿游戏材料的选择
- 选择婴幼儿游戏材料的原则
  - 促进婴幼儿身体发育和心理发展
  - 培养婴幼儿良好的行为习惯
  - 有助于婴幼儿的人际交往
  - 安全卫生且环保经济
- 适合婴幼儿游戏的材料
  - 按材料属性选择游戏材料
  - 按游戏功能选择游戏材料
  - 按结构化程度选择游戏材料

案例导入

玩具越贵越好吗

磊磊已经一岁半了，他很喜欢小汽车玩具，每次出门看到汽车玩具都不肯走。家里已经有好多小汽车玩具了，他一个人也能玩很久。这天，爸爸给磊磊带回一个按比例缩小的车模玩具，跟真车一模一样，只是一个缩小版，却价格不菲。一个玩具的价格要好几百，妈妈知道后心疼坏了，不禁产生一个疑问：这个车模玩具真的是游戏材料吗？是用来收藏的，还是给孩子玩的？玩具越贵越好吗？

阅读上述案例，讨论：你如何看待这个家庭中爸爸和妈妈的观点？你认为应当选择什么样的游戏材料给0—3岁婴幼儿使用。显然玩具并非越贵越好，价格只是市场交易过程中的价值体现，游戏材料的教育价值很难直接通过价格体现出来。本节将围绕选择婴幼儿游戏材料的原则、适合婴幼儿游戏的材料等进行探讨。

一、选择婴幼儿游戏材料的原则

儿童的游戏材料多种多样，但是由于0—3岁婴幼儿在生长发育过程中存在用口探索事物、自我保护意识较弱等现实情况，因此，在游戏材料的选择上特别要注重卫生、安全、消毒、管理等基础工作。保教人员在选择和使用婴幼儿游戏材料之前、之后都需要进行安全检查、观察材料的适宜性、评估材料使用情况，从而决定是否要继续使用该材料。

（一）促进婴幼儿身体发育和心理发展

0—1岁的婴儿正处于神经系统迅速发育的阶段，尤其是视觉、听觉、感官发展需要外界给予大量的信号和刺激，因此在选择游戏材料时要有助于促进他们的身体发育和心理功能发展。例如，不同颜色的玩具可以促进婴儿的视觉功能发展；变化声音玩具的位置有助于婴幼儿转头、转动身体寻找声源，发展有意注意。

1—2岁的婴幼儿能慢慢独立行走，因此在选择游戏材料时可以多提供有助于运动稳定性和肌肉力量发展的材料。例如拖拉玩具，可以促进婴幼儿的运动能力，让他们可以一边拖拽一边行走；如果保教人员能结合一些词语引导，如"小兔小兔一起走，小猫小猫一二一"等，有助于促进婴幼儿的语言表达能力、模仿能力的发展，同时促进他们思维的发展。

2—3岁的婴幼儿已经具备基本的动作能力，词汇量也增大了，因此在游戏中可以融入认知发展、规则游戏的材料，如拼图玩具、图形匹配玩具、一一对应的材料等，从而促进婴幼儿具体形象思维能力的发展。

（二）培养婴幼儿良好的行为习惯

在为婴幼儿选择游戏材料过程中，保教人员还要注重具有收纳盒、收纳提示的玩具。

▲ 图2-23　夹夹子—1

▲ 图2-24　夹夹子—2

保教人员利用生活中的小夹子创设了精细动作的游戏材料，并且在每一个托盘内都配备了小盒子，用于收纳小夹子。

▲ 图2-25　收纳玩具—1　　　　　　　　▲ 图2-26　收纳玩具—2

　　保教人员在托盘上粘贴了蓝色、红色衣服标记，在玩具柜上也贴上同样的标记，引导婴幼儿一一对应收纳玩具，培养良好的习惯。

　　如果没有的话，保教人员需自制一些有助于培养婴幼儿良好行为习惯的提示，如托盘、纸盒、塑料盒等，这样每次婴幼儿拿取材料之后，知道把材料放回哪里。可以说，选择游戏材料意味着选择一种操作游戏材料的方式，这一点指向婴幼儿的秩序敏感期。有序的环境有助于婴幼儿安全感的建立，也有助于探索行为的发展。

（三）有助于婴幼儿的人际交往

　　在选择游戏材料时，保教人员应尽量选择能引发婴幼儿用语言交流、与其他人互动的游戏材料，这样有助于婴幼儿的人际交往。例如，在选择矿泉水瓶作为游戏材料时，婴幼儿通过双手摇晃瓶子，能和保教人员交流水的运动和变化。一般来说，市场上有很多自己会发声、发光的材料，游戏材料本身能给予反馈，如"选对了""真棒"等，但是一些专家并不建议选择"声光电"的玩具，主要是考虑到这类游戏材料更强调从注意力角度吸引婴幼儿的注意，而往往忽视了人际交往和对话。

（四）安全卫生且环保经济

　　0—3岁婴幼儿的游戏材料应当注重安全性，避免含有有毒有害的物质，保教人员应该选择安全的原材料制作而成的游戏材料。除此之外，保教人员还要注意避免过于细小、容易脱落的零件，以免婴幼儿放入口鼻、耳朵等。需要注意的是，由于婴幼儿行动较为缓慢，不够灵敏，因此保教人员要尽量避免选择那些有可能击中婴幼儿五官的材料，如有发射功能的玩具枪、弹弓等。保教人员还要观察和仔细检查游戏材料的边缘是否做了打磨处理，不能有尖锐的棱角、锋利的边缘、扎皮肤的毛刺、容易脱落的表皮油漆等。

此外，托育机构在选择游戏材料时要注重环保和经济的原则。例如，少用泡沫制品、塑料袋等，如果可以用木制品、可循环使用的游戏材料，则尽量选择对大自然没有污染、不会造成更多白色污染的游戏材料。托育机构应将这一环保理念传递给婴幼儿及其每个家庭。

二、适合婴幼儿游戏的材料

保教人员只有科学地认识适合婴幼儿游戏的材料，了解游戏材料的基本分类和主要类型，才能在此基础上根据婴幼儿的月龄、发展特点选择适合的游戏材料。

（一）按材料属性选择游戏材料

按照材料的性质，游戏材料可以分为玻璃类玩具、皮革类玩具、陶瓷类玩具、布艺玩具、金属玩具、木制玩具、橡胶玩具、纸制品玩具等。一般而言，为婴幼儿选用既有柔软性又不容易摔碎的玩具材料较好。因此，橡胶、塑料、木制品作为婴幼儿的游戏材料较多，尤其是木制品，不仅环保而且不容易损坏。玻璃、皮革、金属等玩具由于容易碎、存在一定的气味或者较硬等原因，平时为婴幼儿选用得较少。

> 保教人员选用柔软的棉质玩具，便于婴幼儿抓握、取放，按照"1和许多"的概念进行摆放。

▲ 图 2-27　选用柔软的棉质玩具玩数点子游戏

（二）按游戏功能选择游戏材料

按照游戏的功能，游戏材料可以分为可啃咬玩具、可抓握玩具、启蒙认知玩具、运动玩具、音乐玩具、建构玩具、角色扮演玩具等。一般而言，每一类玩具都有很多具体的表现形式，并且每一种玩具都可能存在多种功能。例如，做饭的小锅、小盘子，既可以当2—3岁婴幼儿的角色扮演玩具，也可以给1岁以内的婴儿用于抓握锻炼手指力量，还可以给1—2岁的婴幼儿用于认识和命名生活物品。因此，在按照功能选择游戏材料时，婴幼儿的月龄、认知发展水平、游戏需求等都是重要的参考依据。

（三）按结构化程度选择游戏材料

按照结构化程度，游戏材料还可以分为低结构材料、高结构材料和无结构材料。低结构材料是指没有固定玩法和规则的材料，如积木、雪花片、插塑玩具、瓶盖、冰棒棍、纸杯等。高结构材料是指具有固定玩法和规则的材料，如拼图、图形嵌板、棋类玩具、轨道汽车玩具等。无结构材料是指婴幼儿可以自由建构造型的材料，如沙子、水、黏土、太空沙等。小年龄的婴幼儿通常选择低结构材料，用于探索物体本身的性质，或者将低结构材料进行简单的组合；稍大一些的婴幼儿可以增加部分高结构材料，用于理解和了解基本的游戏规则；无结构材料适合各个年龄的婴幼儿，但是游戏的情况跟婴幼儿的月龄有关，如太小的婴幼儿还无法在单纯自我保护的情况下玩沙、玩黏土。

▲ 图2-28　小鱼吐泡泡

纽扣有多种玩法，可了解数概念、搭建拼摆、感知大小与颜色等，体现了低结构的特点。保教人员根据婴幼儿熟悉的小鱼吐泡泡情境，利用纽扣合理创设了小游戏——小鱼吐泡泡。

▲ 图2-29　形状对应游戏

大块的雪花片适合0—3岁婴幼儿操作取放。保教人员充分利用雪花片的特点创设了简洁的构图，便于婴幼儿进行形状的一一对应。

　　近年来，随着移动互联网和智能手机的普及，让很多婴幼儿从小生活在充斥电子产品的生活空间中，有些大人甚至将手机游戏当成了"哄娃利器"。需要注意的是，婴幼儿的视力水平、视神经正在不断发育和完善的阶段，不能让婴幼儿过早、过多接触电子屏幕。因此，我们不建议托育机构给每个班配备电视机、一体机等多媒体设备，并且作为游戏活动的辅助内容。

内容小结

　　本章阐述了室内游戏环境创设的基本原则为安全性、舒适性、有序性、选择性、开放性、审美性，结合图片、案例、班级游戏计划等阐述了托育机构的墙面、柜面、地面、各游戏区的环境创设具体内容。本章还阐述了室外游戏环境创设的原则为安全性、亲自然性、探索性、发展性、层次性、可变性，列举了常见的室外活动区划分，包括运动区、小型器械区、玩沙玩水区、花园菜园、"山"坡"山"洞、小型滑梯区、创生区，并且阐述了婴幼儿游戏材料的选择原则应着眼于发展价值、习惯培养、人际交往、安全环保。最后本章阐述了可以根据材料属性、游戏功能、结构化程度为不同年龄段的婴幼儿选择适合的游戏材料。

课后练习

　　1. 结合实例，说一说室内游戏环境的设计与内容，并分析是否符合本书中的基本原则？

　　2. 给 0—3 岁婴幼儿创设室外游戏环境的内容有哪些？

　　3. 寻找 1—2 个托育机构，通过实地查看、调研或云参观等不同形式，结合本章所学内容，以小组合作方式，完成一份全面的环境分析与评价报告。

实训任务

　　选择一所托育机构观察其室内外环境和游戏材料，以小组为单位进行记录和分析。

第三章 | 婴幼儿游戏中的人际互动

 学习目标

1. 理解保教人员和婴幼儿建立信任、尊重、回应式关系的基本要求。

2. 掌握保教人员与婴幼儿游戏互动时的要点。

3. 能够根据不同月龄、年龄，开展游戏时采用一对一有效的互动方式。

4. 能观察婴幼儿的同伴关系，并做出基本的判断。

5. 能对不同家庭的亲子互动进行观察，并给予一定的反馈指导。

第一节 游戏中婴幼儿和保教人员的关系

 **本节概览**

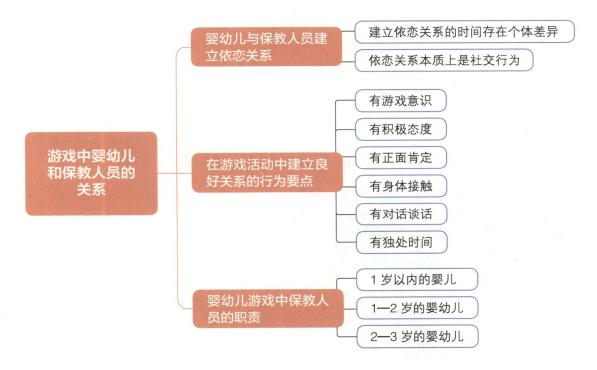

```
                              ┌─ 建立依恋关系的时间存在个体差异
        婴幼儿与保教人员建立依恋关系 ┤
                              └─ 依恋关系本质上是社交行为

                              ┌─ 有游戏意识
                              ├─ 有积极态度
游戏中婴幼儿   在游戏活动中建立良 ─┼─ 有正面肯定
和保教人员的   好关系的行为要点     ├─ 有身体接触
关系                          ├─ 有对话谈话
                              └─ 有独处时间

                              ┌─ 1 岁以内的婴儿
        婴幼儿游戏中保教人员的职责 ─┼─ 1—2 岁的婴幼儿
                              └─ 2—3 岁的婴幼儿
```

案例导入

这位老师，我能放心吗

佳佳妈妈好不容易选好了一个有花园菜园、沙池水池的托育机构。可是当她要报名登记的时候，奶奶又舍不得了："宝宝才一岁多，如果她哭闹起来，老师会不会有耐心地哄宝贝、安抚她呢，老师会不会像亲戚、家人一样对孩子负责任呢？要不，还是在家我给你看孩子吧！"妈妈说："老师肯定很负责呀，我有时候在家看手机，您还说我看孩子的时候别看手机。在托育机构，老师每天的工作有详细计划，还有同事互相监督，我看您就别担心了！"虽然佳佳妈妈嘴上这样安慰奶奶，但是她还是有点担心地问起了园长一些关于老师的资质、工作经历、是否有育儿经验等的细节问题。

　　阅读上述案例，我们不难发现社会上仍然有很多人对托育机构内保教人员的品行存在疑虑。保教人员要得到社会认可和家长认同，最好的方法就是对婴幼儿有高度的责任心，在确保婴幼儿身体安全、心理健康的情况下，让婴幼儿与自己建立依恋关系，积极支持婴幼儿的发展。本节将围绕保教人员与婴幼儿在游戏中的关系展开阐述。

　　在上一章，我们着重强调了外在环境对婴幼儿发展的作用与环境创设的方法，然而无论多么漂亮、温馨的环境，都需要人在其中发挥作用。本章将从人际关系的角度，解析游戏中与婴幼儿发生互动的交往情境和社会关系建构，这也是人区别于动物的社会化的过程。

　　托育机构中的游戏活动是建立在良好的人际关系基础上的，即保教人员和婴幼儿之间有信任的、回应式的、尊重的关系。在游戏活动中，这种人际互动关系主要表现为更集中、更高质量、更多的互动。事实上，在游戏活动之外，这种人际互动关系也是必要的，它可使婴幼儿得到保教人员良好的照顾，保证婴幼儿身心健康成长。

> 　　保教人员亲切的笑容，亲近的动作，能让婴幼儿感到愉悦和备受关注。

▲ 图3-1　亲切互动

拓展阅读

　　婴幼儿保育和教育的 3R 互动是指尊重的（respectful）、回应的（responsive）、互惠或双向的（reciprocal）互动。

　　照料者及时回应儿童，儿童也及时回应照料者，他们之间的双向互惠交流方式形成了一连串的互动。每一次回应都是由对方之前的回应所引发的，同时也会引发对方的下一个回应。

　　摘自：［美］珍妮特·冈萨雷斯-米纳，黛安娜·温德尔·埃尔.婴幼儿及其照料者：尊重及回应式的保育和教育课程［M］.张和颐，张萌，译.北京：商务印书馆，2016.

一、婴幼儿与保教人员建立依恋关系

从事 0—3 岁婴幼儿保教工作的人员，应当对婴幼儿时刻保持友善，每件事情都要非常小心，并且认真对待。经过日复一日的抚养、语言对话、肢体接触，保教人员才有可能跟婴幼儿建立起早期依恋关系，让自己成为婴幼儿信任、依赖的人。在此基础上，婴幼儿才会发展好奇心、勇气、同情心、自我意识等，对周围环境产生安全感，情绪平和而稳定。

保教人员主动介绍班级环境，与婴幼儿建立良好的关系。

▲ 图 3-2　熟悉环境

拓展阅读

精神分析学家约翰·鲍尔比将依恋定义为：

"任何形式的行为，可以导致一个人建立或维持与另一个特定个体的亲密关系，从而能够更好地应对世界。最明显的表现是，当这个人害怕、疲惫、不舒服时，能从他人的安抚和照顾中得到宽慰。"

摘自：［美］杰克琳·波斯特，玛丽·霍曼，安·S.爱泼斯坦.高瞻 0—3 岁儿童课程：支持婴儿与学步儿的成长和学习［M］.唐小茹，译.北京：教育科学出版社，2019.

需要注意的是，建立依恋关系要避免经常更换保教人员，由稳定的保教人员照顾同一个班级的婴幼儿，经过持续性照顾，日复一日的接触，可使婴幼儿与他们建立安全型依恋关系。保教人员在跟婴幼儿互动时要以敏感的、充满爱意的方式回应婴幼儿，用语言和非语言的方式跟婴幼儿说话、拥抱。本节开篇的案例中，佳佳奶奶之所以不放心，也是因为担心保教人员无法跟佳佳建立起安全信赖的依恋关系，如果她看到佳佳跟保教人员的关系很好，也就不会有这样的顾虑。

> 保教人员与婴幼儿目光平视，缩短成人与宝宝的距离感。

▲ 图 3-3　与宝宝平视

（一）建立依恋关系的时间存在个体差异

每个婴幼儿与保教人员建立依恋关系的速度不同，有的比较快、有的比较缓慢；每个婴幼儿的气质类型、个性特点、日常需要不同，得到的师幼互动情况不同，因此建立依恋关系的时间不一样。但是经过一两个月的相处，大多数婴幼儿都会与保教人员建立良好的依恋关系。

（二）依恋关系本质上是社交行为

婴幼儿与保教人员的依恋关系，是建立在交往的基础上的。保教人员在生活照护、情感呵护、安全保护的过程中不断地与婴幼儿交往，启发他们探索周围的一切事物，让他们体会满足感、获得感、掌控感。大部分婴幼儿在入托过程中会存在哭闹行为，这是分离焦虑引发的，也是正常的。保教人员的处理方式会影响家长的看法，正如本节开篇的案例中的佳佳奶奶，如果看到一段时间内，佳佳每天来托育机构都哭闹，那么家长一定很不放心。所以，在白天婴幼儿平静、愉快时，拍摄一些与保教人员交往的照片、视频就很有必

▲ 图 3-4　适度引导

> 运动游戏中婴幼儿个体差异明显，有的可以独立活动，有的需要保教人员的陪伴才能有安全感。

要，可以让家长看到婴幼儿在托育机构的情况，让家长了解到保教人员是可以信赖的、能够信任的人。

二、在游戏活动中建立良好关系的行为要点

为了促进婴幼儿与保教人员建立良好的信任关系、依恋关系，保教人员在跟婴幼儿互动、做游戏时要注意以下几个要点。

（一）有游戏意识

保教人员要拥有一种"游戏意识"。游戏意识是指保教人员一方面把自己当成婴幼儿，不仅有童心，而且对任何事物也同样充满好奇心；另一方面对婴幼儿的肢体动作、发出的语言信号都感兴趣，能够追随婴幼儿的目光，推测他们的所思所想，用敏感的游戏思维跟婴幼儿进行互动。

保教人员的游戏意识具体表现为：在游戏中与婴幼儿互动要体现更多的专业性、个体性，要积极回应婴幼儿的游戏需求和他们发出的游戏信号。例如，当婴幼儿发出咿咿呀呀的声音或者在操作材料过程中突然出现哭泣、扔东西的情况时，保教人员都需要及时上前问询、安抚、鼓励，尤其是要接纳他们的情绪。当婴幼儿因为疲惫、无法控制物品而懊恼时，保教人员不要急于帮他们解决问题或帮他们拿东西，要给予婴幼儿充分的时间与充足的自己独立探索的机会。

图中左一的宝宝在玩烧烤游戏，另外三个宝宝在玩建构游戏。保教人员并没有打扰左一的宝宝，而是用目光关注，用语言肯定，在她需要帮助时及时回应。

▲ 图3-5　尊重宝宝的游戏探索

• 游戏案例

玩玩小毛巾

　　安琪1岁半了，正在玩一块小毛巾，她把小毛巾盖在娃娃上当被子，过一会儿又把毛巾平铺，在上面放了两个甜甜圈玩具，这是把小毛巾当成餐布了。过了一会儿，她又把毛巾塞到衣服口袋里，花了她好多时间。接着，她转身去拿布娃娃，回过头来，她似乎忘了小毛巾在口袋里，开始四处寻找，不一会儿就哭了起来。曹老师一直注视着她，并没有直接把小毛巾从她口袋里拿出来，而是握着她的小手，一边安慰她，一边让她先找一找老师的口袋。"小毛巾，你在和我捉迷藏吗，你在哪，在曹老师的口袋里吗？哦，你不在这里。会不会在你的口袋里？找找看。"于是，安琪自己找到了小毛巾，露出了满足的笑容。

　　曹老师继续和她玩起了藏小毛巾的游戏。曹老师介绍游戏规则：请安琪闭上眼睛或者用小手把眼睛蒙起来，老师数三声，然后宝宝寻找。曹老师把小毛巾藏在衣服口袋里、身后、头顶，又把小毛巾绑在头发上。安琪找得很开心，过了一会儿，轮到安琪藏了，尽管她还不太会藏，但是曹老师相信随着安琪对空间方位的不断理解，也越来越会藏的。

　　事后，曹老师说："我观察了她一会儿，所以，我不着急直接把小毛巾从口袋里拿出来，这样会告诉宝宝，你不知道的我知道，我不希望有这种权威感。我认为游戏能带给孩子新的机会，后面的每一个游戏都有发展价值，如客体永久性、空间方位、动作发展，我很开心自己做了有意义的游戏互动。"

（二）有积极态度

保教人员要享受婴幼儿在游戏中的各种探索行为，乐于观察他们的游戏。尤其是对于1岁以内的婴儿，他们的游戏可能非常简单，但是保教人员依然要有耐心和积极的态度，并且给予语言上的回应。

• 游戏案例 •

弹力踏板真好玩

曹老师所在的乳儿班今天新来了一个9个月的宝宝，宝宝妈妈是一名小学老师，产假结束后9月份要去上班了。经过几天的观察，曹老师发现宝宝醒着的时候非常喜欢活动自己的双腿，于是，曹老师用纸盒做了一个游戏材料。

曹老师将纸盒相对的两面挖小孔，把一根粗皮筋穿进去，皮筋的两头固定在婴儿床两侧，这样就做好了一个弹力踏板。但是踏板没有声音，无法吸引宝宝的注意，曹老师又在纸盒内装入了几块小积木、小球，这样只要宝宝一踩踏板，就能发出"哗啦哗啦"的声音。

果然，宝宝睡醒之后，扭动起来，无意中触碰到了纸盒踏板，听到了声响，然后，宝宝又不断地蹬呀踢呀，玩得不亦乐乎。这时曹老师听到了声音，走过去微笑着对宝宝轻声说话："哇，宝宝的小脚真有力量呀！"听到曹老师的鼓励，宝宝又开心地蹬了起来。

（三）有正面肯定

保教人员在与婴幼儿的游戏交流时，应当用温暖的方式、友爱的方式，除非危及或影响婴幼儿的安全，都应该以正面交流为主，避免生硬地否定、限制、强迫。例如，在上述案例中曹老师正面肯定了宝宝蹬腿的动作，而不是说"别乱蹬，踢到床就疼了""别乱动，好好坐着"。这类限制性、负面的语言不应该出现在0—3岁保教人员的口中。

（四）有身体接触

0—3岁的婴幼儿对于成人的怀抱、爱抚、拥抱都很渴求，因此，保教人员应当注意给予他们充分的身体接触，在游戏中也尽量去利用这些身体接触的机会，让婴幼儿感受到成人的友善、鼓励、接纳、支持。例如，保教人员可以抚摸宝宝的脚丫，撸一撸宝宝的小腿，再结合语言的肯定，让宝宝能够感受到自己的积极语言、正面态度。

在设计游戏时，保教人员要注意融入大量的身体接触的方式来和婴幼儿互动。比如，抱一抱婴幼儿、摸一摸脚丫、和婴幼儿靠在一起、抱着他们模拟荡秋千、一边唱歌一边牵

保教人员正面鼓励婴幼儿尝试操作材料。

▲ 图 3-6　鼓励宝宝尝试

当婴幼儿愿意让成人抱一抱时，这体现了对保教人员的信赖和认可。

▲ 图 3-7　与宝宝一起游戏

着手、一边说话一边拍拍腿等。

（五）有对话谈话

　　尽管婴幼儿开口说话的时间存在个体差异，但是他们对语气、语调、语言意思的感受能力是从出生就存在的，因此，不论婴幼儿能否跟成人对话，保教人员都应该更有意识地跟婴幼儿进行对话。当婴幼儿开始牙牙学语的时候，保教人员就可以开始与他们对话了。丰富的语言刺激，有助于婴幼儿对语言的理解，也能促进婴幼儿学习更多的词汇、句子。

　　对话的内容是很广泛的，保教人员可以跟婴幼儿分享他们的情绪，如"喝饱了奶，宝宝很高兴吧""我们玩游戏也很开心，你笑得哈哈哈"。接纳婴幼儿的快乐很容易，更重要的是接纳他们的脾气和眼泪，这时的对话能更考验保教人员水平和素养。一般来说，保教人员可以借助拥抱、轻轻拍、抱着来回走一走等不同的方法，一边安抚一边转移注意力，帮助婴幼儿恢复平静。大部分婴幼儿都喜欢听故事，因此，对话的内容还可以是讲图画书、讲故事、说儿歌，这些也都会成为游戏的素材。

> **● 游戏案例 ●**
>
> ### 用找五官游戏安抚情绪
>
> 佳佳来到托育机构之后，还在适应期，怯生生地不敢说话。曹老师了解情况后，便主动跟她说话，给她讲了一个好玩的儿歌，一边说儿歌，一边做动作，"摸摸苹果脸，佳佳，你真好看，你也摸摸你的苹果脸。捏捏粽子鼻，佳佳，你的鼻子呢。点点葡萄眼，佳佳，像我一样，对了，点对了……"过了一会儿，佳佳放松了下来，跟着曹老师玩了好几遍找五官的游戏。

（六）有独处时间

保教人员对婴幼儿关注是必要的，但是要注意识别婴幼儿的神情。当他们全神贯注探索材料或特别专注于做某件事情的时候，保教人员不应该去打扰他们，不要发起互动，说指导、提示的话语，只要认真观察、思考就可以了。例如，当婴幼儿专心致志地用海绵拓印颜料时，他们完全可以感受到力度大小与痕迹之间的关系，只是需要充足的时间对自己的所见所感进行信息整合、内化。特别是当生活照顾的需要与婴幼儿专心探索发生冲突的时候，保教人员首先要进行价值判断，权衡是否要打断婴幼儿。例如，按照记录的喝奶时间、吃辅食时间，已经过去了 3 个小时，婴幼儿应当加餐或者加水，而此时婴幼儿正在专心拓印，是否要打断他来喝水，要思考："当下，对宝宝来说，什么是最重要的，继续专心拓印让他更满足，或许过一会儿再喝奶也没关系。"这一问题没有标准答案，需要每一个保教人员在日常工作中积累自己的实践智慧和价值判断。

三、婴幼儿游戏中保教人员的职责

对于不同年龄阶段的婴幼儿，保教人员指导游戏时的方式和主要职责有所不同。

（一）1 岁以内的婴儿

1 岁以内的婴儿大部分时间在睡眠、喝奶、吃辅食，他们只有在精力充沛的情况下才需要做游戏。因此，保教人员要在做好日常抚养的基础上，捕捉他们发出的信号，有时他们需要的游戏是音乐律动、按摩抚触，有时他们需要的游戏是转圈圈，有时他们需要的是成人将脸庞不断靠近发出一些声音并露出笑容，有时他们更愿意摆弄一块小手帕、一个牙胶玩具。只有读懂婴儿发出的信号，才能更好地计划游戏活动，因此保教人员要将目光不断集中在婴儿身上，并且跟家长保持沟通。这是因为家长会了解很多关于婴儿发出的信号，知道不同的哼哼声所代表的不同信息。

（二）1—2 岁的婴幼儿

1—2 岁的婴幼儿游戏行为较多，并且呈现出丰富的个性特点，所以保教人员要不断地发起游戏、调整游戏、维持游戏。例如，保教人员可以拿着新玩具向婴幼儿示范游戏方法，鼓励他们大胆尝试使用。在此过程中，婴幼儿的语言理解能力也能得到提升。因此，保教人员应当配合动作和语言，帮助他们理解指令，掌握参与游戏的基本规则。

通常在教室中有许多个别观察、个别游戏的环境，保教人员可以引导几个婴幼儿去鱼缸前观察小鱼、小蝌蚪、小乌龟，可以让部分婴幼儿摆弄桌面类玩具和生活操作类材料等，也可以让他们在小沙发上看书或在活动区玩球、玩小汽车等，让他们在不同的游戏中获得发展。1—2 岁的婴幼儿语言理解能力、表达能力已经有很大的进步，保教人员可以自言自语或者跟婴幼儿平行对话，详细地描述自己做的事情或者婴幼儿的动作行为等，丰富他们的词汇量。

（三）2—3 岁的婴幼儿

2—3 岁的婴幼儿游戏出现了想象、装扮、替代的成分，这跟婴幼儿的心理发展密切相关。例如，他们会假装在开汽车、假装在树林里探险、想象自己在开一艘船漂流等。为此，保教人员需要在倾听、观察基础上关注个体的需要，同时兼顾婴幼儿的社会交往情况。这是因为 2—3 岁婴幼儿之间的互动增多了，也很容易出现冲突，需要保教人员协助他们掌握社会交往的策略和处理冲突的方法。

随着社会化进展，保教人员要在游戏中传递更多的行为规则，这样才能让他们跟同伴玩得更好。例如，"轻轻地把积木放回去，扔积木可能砸到其他小朋友""大家都喜欢的玩具，谁先拿到，可以先玩一会儿，不玩的时候，送回去，别人就可以玩了"等。

第二节 游戏中婴幼儿的同伴关系

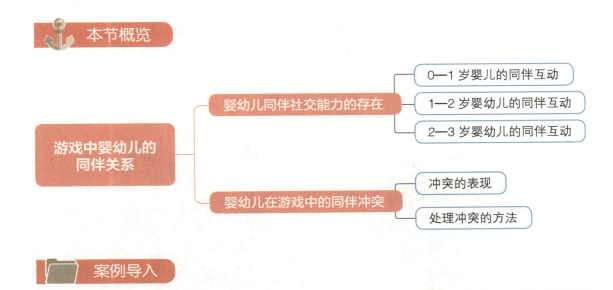

本节概览

游戏中婴幼儿的同伴关系
- 婴幼儿同伴社交能力的存在
  - 0—1 岁婴儿的同伴互动
  - 1—2 岁婴幼儿的同伴互动
  - 2—3 岁婴幼儿的同伴互动
- 婴幼儿在游戏中的同伴冲突
  - 冲突的表现
  - 处理冲突的方法

案例导入

这么小的宝宝哪有友谊

佳佳终于顺利进入托育机构，妈妈和奶奶每天早上送佳佳入托，妈妈总会问问老师佳佳表现怎么样。这一天妈妈问："老师，佳佳平时和小朋友处得怎么样，她会不会打别人，有没有攻击性比较强的小朋友欺负佳佳？"老师说："佳佳和小伙伴玩得还可以，他们有时候在一起玩各自的，有时候也互相看看大家在玩什么，过段时间等他们互相熟悉了，也会分享、合作的。"妈妈又问："哪几个是她的好朋友呀，回头放学我们还可以一起玩。"老师又介绍了一下。在回家的路上，奶奶忍不住对佳佳妈妈说："这么小的娃娃，还能分享，还能合作？他们不哭不闹就不错了，哪有友谊呀！"妈妈笑着说："哎呀，老妈，您不知道，现在科学发达，对婴儿、小宝宝的研究都发现他们可不简单呢，人家心理学家、教育家都用先进的仪器、实验、观察、数据，咱们可别小瞧了一个个小娃娃们！说不定，咱们佳佳以后就是孩子们的小领导呢，从小就跟别人处得好，情商高！"听妈妈这么一说，奶奶又放心了一些。

阅读上述案例，讨论：0—3 岁的婴幼儿有同伴交往吗？他们之间存在友谊吗？一般而言，人们都认为社会性交往中的同伴关系是 4—5 岁幼儿才具有的，但是越来越多的证据表明 0—3 岁婴幼儿也会有同伴关系的建立。因此，本章将围绕婴幼儿同伴关系进行阐述，保教人员不应该忽视这一重要关系。

一、婴幼儿同伴社交能力的存在

特别小的婴儿尚不能自主翻身，这限制了他们对周围人的关注。一旦婴幼儿能够自主翻身、爬行、行走之后，他们就会表现出对周围同伴的关注，因此保教人员要为他们创造机会跟同伴互动。哪怕是两个 1 岁以内的婴儿，保教人员也可以把他们的小床靠在一起，让他们循着声音寻找声源，翻身关注对方的存在，使他们看着对方，高兴地扭动身子，咿呀不停。

▲ 图 3-8　同伴商量选蛋壳

▲ 图 3-9　同伴合作玩游戏

 拓展阅读

同伴社交能力出现得很早，婴儿两个月大时就会调整自己的身体面向同伴；三四个月时可以做简单的手势；六个月时会直接朝同伴微笑、发声，而且会试图得到他人的关注；九到十二个月时，婴儿开始彼此模仿，这种模仿是婴儿游戏的开始，他们仿佛在说："我知道你在做什么，那让我们一起做吧！"

摘自：［美］杰克琳·波斯特，玛丽·霍曼，安·S.爱泼斯坦.高瞻 0—3 岁儿童课程：支持婴儿与学步儿的成长和学习［M］.唐小茹，译.北京：教育科学出版社，2019.

通过这一段拓展阅读材料，可以看出 0—3 岁婴幼儿是存在同伴关注、同伴模仿等互动形式的。因此，保教人员要学会观察婴幼儿的同伴互动，这种互动最初可能仅仅是一些萌芽的行为，但也要引起足够的重视。

（一）0—1 岁婴儿的同伴互动

1 岁以内的婴儿通常会出现跟随模仿其他婴幼儿的行为，因此保教人员往往会观察到婴幼儿的模仿行为。他们有可能一起爬来爬去，但是他们的注意力容易被游戏材料或者成人吸引，因此，会显得并不太关心彼此的活动。

（二）1—2 岁婴幼儿的同伴互动

1—2 岁的婴幼儿可能会出现平行游戏，即几个婴幼儿坐在一起，各玩各的，但是彼此感知到存在，也会互相张望观察一下。他们有可能会把玩具给同伴，但这并不是真正的分享，因为他们随时有可能把玩具再拿回来。

（三）2—3 岁婴幼儿的同伴互动

2—3 岁的婴幼儿会开始出现早期的合作行为或者对双方都有好处的游戏活动，比如一起玩做饭游戏、一起玩布娃娃、一起滑滑梯等，在有很多玩具的情况下他们可以共享，或者大家一起使用大型玩具。这个年龄段的婴幼儿很喜欢做事情，因此保教人员可以鼓励他们一起合作做某件事情，让他们感受到合作的成功，如让他们一起帮老师送一些书本、玩具去某个地方，用游戏化的手段让婴幼儿成为自己的好帮手。例如"天黑了，这些雪花片蘑菇要收起来，我们做一篮子蘑菇片，来，一起捡蘑菇片吧！"这样 3—4 名婴幼儿一起收拾凌乱的雪花片就成了一个有趣的游戏。

▲ 图 3-10 同伴合作搭纸杯小路

在本节的案例导入中，佳佳妈妈还问了一个问题："哪几个是她的好朋友呀"，其实这个问题的意思是有没有同伴的偏好。事实上，2 岁左右的婴幼儿会展现出同伴的偏好，比如特别喜欢跟某个哥哥姐姐玩，或者是跟某个特定的对象一起玩，并开始建立了友谊的萌芽。保教人员在日常中可能会观察到单向的偏好，也就是某个婴幼儿喜欢跟着对方、跟对方互动，但是对方并不一定愿意接受。这与个体差异有关，也与对方的同伴偏好有关，这时就是保教人员对婴幼儿进行社会交往教育的好时机。例如，保教人员可以利用上一节所提到的"谈话对话"方式，与婴幼儿谈一谈"如果别人不喜欢我们跟着他，怎么办"，让婴幼儿有去自我中心的意识。比较好的同伴互动状态是两名或多名婴幼儿都出于自愿而积极地互动，在此过程中他们也会不断调整自己的行为适应周围的同伴，从而出现更多的游戏行为。

保教人员要促进婴幼儿共同游戏，也可以在游戏过程中不断引发同伴互动。例如当婴幼儿假装开汽车的时候，保教人员可以说："谁还要坐车，跟司机说一声才可以上车哟！""小司机，你问问有没有谁要下车，到哪里下车。"保教人员还可以拿一些纸片给更多的婴幼儿，让他们检票，再设置一名检票员，这样2—3岁的婴幼儿就可以按照不同的角色玩坐车的游戏。保教人员还应在适当的时候退出游戏，观察婴幼儿之间的对话、交往行为，在合适的时候再介入游戏，不断启发婴幼儿的想象、创造，从而产生新的游戏。

两个好朋友专注地用颜料涂蛋壳，他们坐得很近，涂完之后还可以互相交流。

▲ 图3-11　与同伴一起涂蛋壳

二、婴幼儿在游戏中的同伴冲突

（一）冲突的表现

尽管0—3岁的婴幼儿已经开始关注同伴、模仿同伴，但由于受到自我中心的影响，在游戏中也难免会发生同伴冲突，特别是当大家都喜欢某一个玩具时，就有可能发生争抢玩具的情况。在托育机构中，2—3岁的婴幼儿发生冲突的情况可能会更多一些，通常是因

两个宝宝都想打电话，此刻保教人员要密切关注宝宝们的行为和动作，以免发生争抢和冲突。

▲ 图3-12　打电话游戏

为他们还不能用语言表达出自己的意愿，但是行动上已经开始争夺物品了。

研究表明，婴幼儿可以感知到别人有不同的观点、感受、兴趣、目的、心愿，但是难以克服或者控制以自己的愿望、情绪、需要为中心的本能。他们会经常说"这是我的""我先玩的""我要玩"等，因此，很有可能发生打人、咬人、抓人等冲突。

（二）处理冲突的方法

很多新入职的保教人员或者实习的学生害怕面对婴幼儿在游戏中的同伴冲突，他们会觉得不知道怎么办。事实上，这些同伴冲突是婴幼儿成长中一定会经历的。因此，成人自己要冷静，不要大呼小叫，也不要表现得非常紧张。首先，保教人员应平静地走到他们身边，分开刚才发生冲突的婴幼儿，避免进一步的伤害，检查一下是否有需要消毒和处理的伤口，然后分别认可他们的情绪，通过拥抱或肯定的语言接纳和认可他们彼此的情绪；接着尝试着描述事情发生的过程，最后提出解决问题的办法，看看有没有可能解决这个冲突，比如用其他替代物来满足两个婴幼儿的游戏需求。

下面的拓展阅读材料提供了解决冲突的六个步骤，值得每一位学生以小组的方式演练和模拟，掌握处理冲突的基本流程，这样在实际面对婴幼儿冲突时，能够更好地应对。

 **拓展阅读**

解决学步儿冲突的六个步骤

1. 冷静地接近孩子，阻止可能的伤害性行为

（1）让自己待在孩子们中间，和他们保持同样的高度。

（2）使用平静的声音和温柔的触摸保持中立。

（3）不偏袒任何一方。

2. 认可孩子的感情

（1）命名并描述孩子们的情绪"你看起来很难过"。

（2）让孩子知道，你需要拿着争议物品。

3. 收集信息

（1）对于婴儿和稍小的学步儿，观察他们的行为，描述问题："看起来问题是……，是不是啊？"然后，看着他们，倾听他们的回答。

（2）对于稍大的学步儿可以提出开放式问题："发生了什么事，你可以告诉我吗？"

4. 重复问题

重复你观察到的或者听到的信息："所以，问题在于……"

5. 和孩子共同寻找解决冲突的方法，并共同选择一种方法

（1）鼓励孩子思考解决办法："我们可以做些什么来解决这个问题呢？"

（2）对于婴儿和稍小的学步儿，描述各种选择方案，或描述他们自发实施的解决办法。

（3）询问稍大的学步儿的想法，并取得他们的同意。

（4）确保双方都接受解决方案。

6. 提供后续支持

（1）告诉孩子："你们解决了这个问题！"

（2）待在孩子附近，确保幼儿双方都接受解决方案。

摘自：［美］杰克琳·波斯特，玛丽·霍曼，安·S.爱泼斯坦.高瞻0—3岁儿童课程：支持婴儿与学步儿的成长和学习［M］.唐小茹，译.北京：教育科学出版社，2019.

　　按照上述六个步骤进行练习，我们能逐渐掌握处理冲突的方法，有时候可能不需要六个步骤，也许三四个步骤就可以解决问题。

　　一般来说，采用轮流等待、寻找更多玩具的方法基本可以解决常见的冲突。如果遇到个别攻击性比较强的婴幼儿，保教人员则需要个别处理，尤其是需要一对一陪伴，这在本书最后一章会对各种行为问题进行详细的阐述。需要注意的是，保教人员不需要说太多的话，说几句最关键的话语就够了，要简洁明了，否则会让本就处在冲突中的婴幼儿感到很困惑，觉得保教人员并不能真正帮助自己。当婴幼儿争抢玩具时，保教人员也不要把玩具拿在自己手中，而应该把玩具放到一边，如可以说"我们先把这个小汽车／这个好玩的玩具放到桌子上"。这是因为保教人员拿着暗示着"强大"的人可以做主，反而起到了负面的作用。

第三节　游戏中婴幼儿的亲子关系

 本节概览

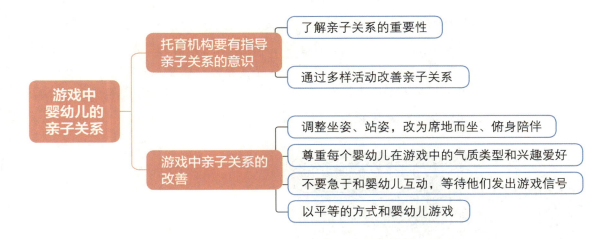

案例导入

我不要爸爸，我想和妈妈玩

　　佳佳从托育机构回到了家，爸爸想和佳佳玩一会儿，但是佳佳却不想和他玩，佳佳说："我不要爸爸，我想和妈妈玩。"爸爸有点失落，奶奶说："谁叫你陪娃几分钟就开始看手机、打电话，你就不能专心点，陪孩子的时候把手机丢在一边？三分钟热度，哪个愿意跟你玩！你逗小孩呢！"妈妈在一边听了笑出了声："妈，您说得对，我之前看书上说，这叫高质量陪伴，您看，您都懂这么专业的育儿知识了！"奶奶听了也笑得合不拢嘴，爸爸只好把手机放到一边，然后试着重新跟佳佳玩。

　　阅读上述案例，讨论：亲子游戏对婴幼儿有什么价值？父母亲在陪伴孩子时容易出现哪些问题？本节将围绕游戏中的亲子关系进行探讨，旨在让学生或保教人员能够有针对性地对婴幼儿家庭亲子互动、亲子关系做出基本的判断和有依据的指导，体现科学养育，传播正确教育观念的作用。

一、托育机构要有指导亲子关系的意识

（一）了解亲子关系的重要性

托育机构有责任和义务对家庭教育进行指导。根据《中共中央国务院关于优化生育政策促进人口长期均衡发展的决定》与《国务院办公厅关于促进 3 岁以下婴幼儿照护服务发展的指导意见》（国办发〔2019〕15 号）和《健康儿童行动提升计划（2021—2025 年）》（国卫妇幼发〔2021〕33 号）等文件的精神，为了提升儿童健康水平，促进儿童早期发展，加强婴幼儿养育照护指导，医疗机构主要通过养育风险筛查进行咨询指导，而托育机构则需要通过父母课堂、亲子活动、随访等形式，指导家庭养育人掌握科学育儿理念和知识，提高婴幼儿健康养育照护能力和水平。因此，无论是学生还是保教人员都应该有宣传指导的意识，通过多种多样的活动改善亲子关系。

托育机构的母亲节活动，请每个孩子的爸爸给妈妈写一封信。这位妈妈在寻宝过程中不仅得到了礼物，还读到这封信，感动得热泪盈眶。

▲ 图 3-13　有意义的亲子活动

（二）通过多样活动改善亲子关系

一般来说，托育机构可以开展亲子活动日、亲子游戏节、家庭指导咨询、家长学校等各种形式的活动。亲子活动日是指让家长陪孩子一起在托育机构度过半天的活动，以熟悉和了解托育机构的生活。出于卫生安全保健的考虑，1 岁以内的婴儿家长可以透过单向玻璃或者在婴儿看不见的地方进行观察。亲子游戏节是指组织家长和孩子一起在托育机构中玩各类游戏，这种喜闻乐见的形式能够直接让家长参与到游戏中，掌握游戏的玩法，还可以把掌握的游戏玩法带回家跟孩子一起反复玩某个游戏。家庭指导咨询是指保教人员和家长通过一对一谈话、个别咨询沟通的方式反馈婴幼儿在园的情况，彼此开诚布公地交流对孩子身心发展、社会交往、情绪情感等各方面的全面认识，可以结合日常的记录、照片、视频等进行交流。家长学校是一种比较集中、高效地传播科学育儿理念的途径，可以邀请

托育机构的亲子活动让家长和孩子体验到美好的时光。

▲ 图3-14　亲子融洽

专业的人员围绕某些主题举办讲座、沙龙，还可以增加一些家长提问环节，实现互动的目的。总之，无论是学生还是托育机构的保教人员，都应当有这种宣传指导的意识，并且把自己当成婴幼儿的主要照顾者，认真对待与家长的沟通。

二、游戏中亲子关系的改善

很多家长会认为，"我天天和孩子在一起，我们的关系很好，不需要改善，只是我真的不知道跟孩子能玩什么""我感觉我陪孩子有点急躁，看他玩玩具，我觉得他动作太慢，反应太慢，我很着急，总想去帮他"。其实这些想法会自觉或者不自觉地影响亲子关系，因为很多家长不具有游戏意识，也不知道高质量陪伴过程中自己应该做什么。家长毕竟不是专业人员，也无法要求他们掌握太多专业知识、能力。不过，保教人员可以指导家长掌握以下一些基本的要求，就可以在游戏中有效改善亲子关系。

游戏视频
鼓励家长亲子律动

母亲节的亲子活动，可增进亲子关系。

▲ 图3-15　亲子活动现场

（一）调整坐姿、站姿，改为席地而坐、俯身陪伴

游戏活动中家长和孩子的身高差，造成了天然的差距，而婴幼儿大部分的游戏时间都是在地垫上度过的，所以，保教人员要指导家长不要高高在上，而要拉近自己与孩子的距离。家长可以举起孩子或者俯身贴近孩子，保持身体上高度相似、目光上尽量平视，避免让婴幼儿产生被"巨人"控制的感觉。

游戏视频
亲子活动：
花生游戏

▲ 图 3-16　亲子阅读

高大的爸爸搂着宝宝亲子阅读，既让宝宝有安全感，也拉近了与宝宝的距离。

（二）尊重每个婴幼儿在游戏中的气质类型和兴趣爱好

很多家长会向保教人员有意无意地抱怨几句，"宝宝很难带""怎么也哄不好""必须要抱着走来走去才肯睡觉，放下来就醒"。这很可能是婴幼儿没有得到回应式游戏，没有足够多的游戏活动满足他们的心理需求。我们可以告诉家长，每个婴幼儿的爱好不一样，可能有的喜欢成人带着笑声陪自己玩运动类游戏，有的则喜欢听成人讲故事儿歌，有的可能喜欢到户外转一转，为此，要摸索出有助于婴幼儿情绪平和的方法。例如，有些婴幼儿只要在户外转几圈，就在婴儿车里睡着了，醒来之后也很平静，吃一些辅食、喝一点奶之后，玩几个游戏，让他们慢慢适应这种生活秩序。需要注意的是，婴幼儿的生活不能每天都有变化，要保持一种大致稳定的生活、运动、游戏节奏。

（三）不要急于和婴幼儿互动，等待他们发出游戏信号

游戏视频
亲子拓印游戏

　　家长最好先观察一下孩子在玩什么，可以先拿同样的材料，作为一个平行游戏者，起到陪伴的作用。有时候，婴幼儿只需要一个陪伴者，不需要一个干扰者。例如，婴幼儿正坐在垫子上反复翻动一本书，但是他没有看里面的内容，而是把书当成一个充满机关的物品在来回探索。这时，妈妈也可以拿一本书，在旁边陪着孩子看一会儿。当婴幼儿示意成人做一些事情满足自

▲ 图 3-17　亲子照 1

▲ 图 3-18　亲子照 2

在托育机构过特别的母亲节，和妈妈拍一张亲子照。

▲ 图 3-19　家长观察宝宝活动

▲ 图 3-20　宝宝展示作品

托育机构组织亲子活动时，引导家长"管住嘴，睁大眼"，不打扰宝宝的操作，认真观察。等宝宝完成作品后，进行语言鼓励和情感支持。

己需求时，再开始顺着婴幼儿的兴趣和需要采取行动。例如，婴幼儿拿起一本书，塞到妈妈的手里，这时，妈妈可以抱着他讲这本书。

（四）以平等的方式和婴幼儿游戏

在游戏中需要大量的对话、互动时，家长应当以平等的心态、话语跟婴幼儿玩游戏，这样可以有效避免强迫、压迫，让婴幼儿真的投入游戏，而不是对家长察言观色。幼儿园游戏中有一句通俗的话语"管住嘴，睁大眼"，其实很适合婴幼儿的陪伴者，没想好说什么的时候，就把时间给婴幼儿，让他们来发起互动，让他们来决定是不是要再玩一遍，让他们决定要不要等一会儿或休息一会儿。跟保教人员一样，家长可多说一些肯定、认可的话语，少说否定、限制的话语，最好能给予孩子一些选择的权利和机会，如"先玩球，还是先玩汽车""继续玩，还是不玩了，去吃饭"。事实上，在家庭中会遇到很多选择的情境，往往会因为大人替孩子做了决定而引起婴幼儿的不满、哭泣，如因为时间到了，不能尽兴玩耍；因为怕摔倒，不能尽兴蹦跳等。所以，在很多时候，保教人员需要结合具体的亲子游戏情境给予家长具体的教育建议。

📖 内容小结

　　本章围绕游戏中与婴幼儿相关的三组关系进行了阐述，分别是婴幼儿和保教人员的关系、婴幼儿的同伴关系、婴幼儿的亲子关系。首先，保教人员与婴幼儿要建立依恋关系，在此基础上提出了保教人员应当做到有游戏意识，保持积极的态度，对婴幼儿正面肯定，时常跟他们有身体接触，运用语言进行对话、谈话，还要给婴幼儿独处的时间，当他们专注的时候不要过多打扰。其次，0—3岁的婴幼儿也有同伴社交能力的存在，并且在游戏中有不同的互动形式。当他们发生冲突时，要掌握处理冲突的步骤。在亲子关系方面，保教人员要有指导亲子关系的意识，并利用多种方式在游戏中改善亲子关系。

📋 课后练习

　　1. 如何与1岁以内、1—2岁、2—3岁的婴幼儿建立依恋关系？

　　2. 如果2—3岁的婴幼儿发生了争抢玩具的冲突，该如何应对？

　　3. 家长不知道如何与婴幼儿做游戏，该给出什么样的指导和建议？

⚒ 实训任务

　　拍摄一个3—5分钟的婴幼儿游戏片段，分析其中的人际互动，可以从保教人员和婴幼儿的关系进行分析，也可以从婴幼儿与同伴互动的角度进行分析。

第四章 | 婴幼儿运动游戏

 学习目标

1. 理解婴幼儿粗大动作和精细动作发展的特点与规律。

2. 掌握婴幼儿体操的分类和操作要点，掌握婴幼儿手指操的作用和练习要点。

3. 能操作婴幼儿被动操、主被动操、模仿操、手指操。

4. 能组织婴幼儿开展手指操、手指游戏。

5. 能创设安全、有教育意义的运动情境，组织和陪伴婴幼儿实施不同类型的运动游戏。

第一节 婴幼儿运动游戏概述

⚓ 本节概览

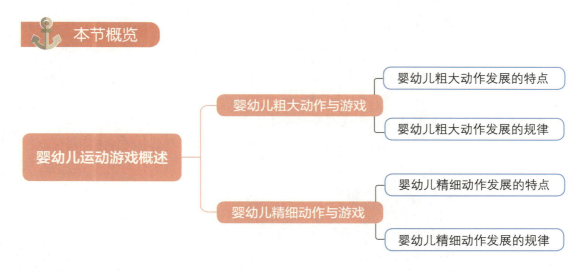

📁 案例导入

疯玩有意义吗

佳佳妈妈下班后总喜欢陪一陪佳佳，这天妈妈和佳佳玩"萝卜蹲"的游戏，妈妈说："我是小兔子，你是萝卜，我说萝卜蹲，萝卜蹲，萝卜蹲完兔子蹲。"然后佳佳说："兔子蹲，兔子蹲，兔子蹲完萝卜蹲。"两个人一会儿蹲下，一会儿又站起来，玩得不亦乐乎，尤其是当佳佳接不上或者反应慢的时候，妈妈就会说："啊呜，萝卜没蹲下去，被我吃掉啦！"然后一把抓住佳佳假装啊呜啊呜吃掉，还捏一捏、挠一挠佳佳，佳佳乐得哈哈笑。奶奶在一旁很困惑地说："哎哟，你平时说早期教育很重要，我看你们两个人真是一对疯丫头，带囡囡学点东西不好嘛，带她疯哦，这么玩又有什么教育意义？来，你跟我说一说呀，让我也学一学！"

阅读上述案例，讨论：佳佳妈妈和佳佳进行的游戏具有哪些价值和意义？不难发现，在这个游戏片段中，佳佳的运动能力得到了发展，尤其是蹲下和起立的连续动作，能够锻炼腿部力量，并且有助于动作协调性发展，还能够锻炼身体保持平衡的能力。在情感互动上，亲子双方也非常愉悦，让佳佳体会到运动游戏的乐趣，有助于佳佳社会性情感的发展，同时促进佳佳的语言能力在句子重复中获得发展。另外，佳佳的反应能力也得到了锻炼，如她要根据游戏中没有接上的情况，随时做出吃萝卜或者被吃掉的反应，这种非预期的激励也有一定的教育心理学价值。可见，运动游戏对婴幼儿的身心发展具有多重意义。本节我们将详细阐述 0—3 岁婴幼儿运动能力发展的特点和规律，以及如何以此为依据进行游戏的设计。

运动游戏是婴幼儿最喜欢的游戏形式之一。肢体运动对婴幼儿来说是必不可少的活动，掌握基本动作有助于婴幼儿参与许多游戏，是运动和生活的基础。婴幼儿的动作发展包括粗大动作和精细动作两方面内容。婴幼儿需要进行一些粗大动作的游戏和精细动作的游戏。

0—3 岁的婴幼儿随着成长发育逐渐控制身体运动，通过运动促进肌肉、骨骼生长发育，消耗旺盛的精力，获得愉快的情绪体验，感受成功与满足。婴幼儿还能运用身体动作表达思想和情感，控制自己的双手操作物体。

一、婴幼儿粗大动作与游戏

游戏视频
户外运动：滚草地

粗大动作一般是指牵涉大肌肉群的活动，包括抬头、翻身、坐、爬、立、走、跑、跳、攀登、平衡、投掷等基本动作。每一种动作又可以细分为不同的难度、不同的运动方向，因此粗大动作的发展是有规律且不断变化的。

（一）婴幼儿粗大动作发展的特点

0—3 岁婴幼儿粗大动作的特点是设计运动游戏的基础，下面我们来了解一下动作发展的特点。

1.0—1 岁

0—6 个月之内的婴儿从最初的觅食、吮吸、吞咽、握拳等条件反射开始，同时有简单的上下肢活动，然后是转头、抬头、逐渐学会翻身，并且以此为乐趣。如果让他们靠在垫子上，婴儿也能双手支撑坐着。基于此，0—6 个月婴儿的游戏应是以成人发起为主的，婴儿被动参与的游戏。

7—12 个月的婴儿大动作发展明显，学会了坐、爬、站；12 个月的时候部分婴儿可以学会走。7 个月左右大部分婴儿能够坐稳。8—9 个月，婴儿逐渐从腹部贴地爬行过渡到学会用四肢爬行。爬行对婴幼儿的发展非常重要，能促进婴幼儿大脑和小脑之间神经的生长发育，加强四肢的力量和协调性，还能加强婴幼儿背部肌肉的力量。10—12 个月左右，大部分婴儿开始学习扶着墙、沙发、床等站稳，甚至迈出步子，移动身体。此时，他们的视角发生了变化，对周围事物更加好奇，活动范围也扩大了，尤其是可以取到自己想要的物品进行游戏，这对婴儿的好奇心、求知欲都有极大的满足。基于此，7—12 个月婴儿的游戏应是以成人创设为主的，婴儿主动参与的游戏。

2. 1—2 岁

1—2 岁的婴幼儿运动发展是一个渐变阶段，从开始行走到逐渐学会行走，从扶着东西到逐渐独立行走，从重心不稳过渡到稳步行走；从活动不协调不灵活过渡到较为灵活，如从走路时可以拖拉着物品，学会扶着栏杆上、下楼，能够跑一跑、跳一跳，但还不是很熟练，再到攀爬、踢球、扔球、蹲着玩。可见，1—2 岁婴幼儿的游戏已经可以有丰富的类型，并且可以让婴幼儿借助游戏材料开展运动。

天气好的时候，保教人员带婴幼儿在户外运动。

▲ 图 4-1　户外游戏

3. 2—3 岁

2—3 岁的婴幼儿已经能控制身体进行走、跑、跳等动作，以发展基本运动技能为主，平衡能力有所提高，各种动作均衡发展，包括走（走向不同方向、曲线走、侧身走或倒着走）、跑（追逐跑、障碍跑）、跳（原地跳、向前跳）、投掷、玩运动玩具（荡秋千、蹬童车）等。具体而言，婴幼儿会逐渐获得以下运动表现：能够双脚交替上下楼梯，能双脚离开地面跳跃，能前进后退，能在站姿和蹲下之间保持平衡变换姿势，能手脚协调地进行攀爬，能手持物品行走甚至奔跑，

游戏视频
宝宝放风筝游戏

玩软滑梯是婴幼儿喜欢玩的游戏，他们愿意体验反复滑下来的感觉。

▲ 图 4-2　玩软滑梯

能保持身体平衡踢球，能迈过低矮的障碍物，能骑小车等。以上运动表现并不是每个婴幼儿都能在同一时间表现出来的，存在个体差异和发展速率的不同，以及优势运动能力的差异。此外，32—36个月的婴幼儿还会表现出能单脚跳的能力。2—3岁婴幼儿的游戏形式和内容都可以有一定的情境性、趣味性，借助不同的运动能力，让婴幼儿体验运动游戏的乐趣。

（二）婴幼儿粗大动作发展的规律

尽管每个年龄段婴幼儿的运动能力和粗大动作发展的内容不同，但是基本上都遵循了以下几条规律。

1. 首尾规律

这是指婴幼儿的运动从头部开始，逐渐向下延伸，从上肢的运动开始扩展到下肢的运动，从上半身动作到下半身动作。离头部近的动作先发展，靠近脚的动作后发展。例如，爬行动作先是借助手臂匍匐，然后逐渐运用大腿、膝盖和手进行手膝爬行，最后才是手足爬行。

2. 近远规律

这是指从身体中心向四肢远端发展动作技能的规律。先从头部和躯干动作开始，然后发展双臂和腿部的动作，最后是手部的精细动作。近远规律也可以称为从中央到边缘的规律。

3. 大小规律

这是指先发展大肌肉的大动作，再发展小肌肉的精细动作。大肌肉动作伴随强有力的肌肉伸缩，全身运动神经的活动，有比较大的能量消耗，包括抬头、坐、翻身、爬、跳、走、跑、踢等。小肌肉动作主要是指手部动作，包括吃饭、穿衣服、撕纸、捏东西、翻书、串珠等。一般来说，婴幼儿先学会手臂和腿部的大肌肉动作，再逐渐学会手和脚的动作。

4. 无有规律

这是指从无意识的活动发展到有意识、有意义的探索行为，最开始是本能反应、动作反射，逐渐越来越多地受到心理需求和意识的支配，遵循心理发展的规律，体现出从无意向有意发展的趋势。

5. 泛化集中规律

这是指从全身性的动作向集中的专门化的动作发展，最初的动作是全身性的、弥散性的、无规律的，随着月龄增加，动作逐渐分化，向局部化、准确化和专门化的方向前进。

在设计和实施运动游戏时，保教人员要遵循以上发展规律，做到：从头部游戏到肢体游戏，从被动运动到主动运动，从全身运动到局部运动。

二、婴幼儿精细动作与游戏

婴幼儿精细动作主要指小肌肉的动作，包括手的技巧、动作灵活性、手眼协调和双

用手指夹夹子能促进婴幼儿手部精细动作的发展，为此保教人员创设了夹豆子喂给小动物的游戏情境。

▲ 图4-3 夹夹子游戏

手配合能力。精细动作主要包括：握、捏、抓、扭、拧、撕、推、刮、拨、叩、压、弹、挖、夹、穿、抹、拍、摇、绕等。精细动作中手眼协调能力是指手的运动和眼的视线一致，视线能追随手的动作，手也能按照视线去抓住所看到的物品。

精细运动对婴幼儿发展有着重要作用，不仅可以促进婴幼儿感知觉、认知、神经系统的不断发育，而且能促进婴幼儿思维的发展。精细动作主要通过手指、手掌、手腕和手臂的协调运动来实现，通常表现为婴幼儿用手操作摆弄实物与游戏材料。婴幼儿在涂鸦绘画、摆弄拼图、生活自理过程中可以不断地发展精细动作，如穿脱衣物时能够扣扣子、拉拉链，能够独立使用餐具进餐等。

游戏视频
纸杯系列游戏

保教人员创设了小厨房、小浴室的游戏场景。婴幼儿可以在这里刷奶瓶、叠毛巾等，在模拟生活的游戏过程中发展精细动作。

▲ 图4-4 刷奶瓶

（一）婴幼儿精细动作发展的特点

精细动作的发展顺序表现为手指的分工与功能分化，从满手抓握到用拇指与其他四指对握，再到食指与拇指对握。精细动作的发展水平代表着婴幼儿大脑神经、骨骼肌肉、感觉统合的成熟程度。

1.0—1岁

2—3个月左右的婴儿上肢能够伸展，并且用两手能在胸前接触、互握，手指能放开，能伸手触碰东西。到了4—6个月，婴儿能双手拿起放在面前的玩具，喜欢把东西放入口中探索，有时会玩手、拿着牙胶啃咬，还能换手接物，但是动作的方向、力度显得不太准确。7—12个月婴儿的手眼协调的动作有所展现，通过触摸感受到不同的触觉，手指分开并且逐渐灵活，开始双手配合着取放物品，能把一只手里的东西放到另一只手里。因此，0—1岁婴儿的游戏可以设计为取物游戏，让婴儿想办法拿到各种有趣的玩具材料。

2.1—2岁

游戏视频
宝宝玩彩虹
堆塔游戏

1岁—1岁半的婴幼儿手指逐渐分化与灵活，能够用三只手指或两只手指捏住较小的物品，有时也能将积木叠高，能尝试拿勺子、握住油画棒等。1岁半—2岁的婴幼儿能够使用涂鸦工具、餐具，也愿意摆弄一些玩具材料，因为他们已经开始尝试拇指与其他手指分开，抓取的东西更多了。因此，1—2岁婴幼儿的游戏已经较为丰富，可以运用不同形状、功能的玩具，如拼图、串珠、笤子等，促进婴幼儿精细动作的发展。

宝宝摆放纸杯，可锻炼手眼协调能力和专注力。

▲ 图4-5 叠叠乐

将纸杯摆成"迷宫"小路，鼓励宝宝从中走过去。

▲ 图4-6 走"迷宫"

3. 2—3 岁

2—3 岁的婴幼儿能够拿取较小的物品，如积木、雪花片等，还能够用不同的工具临摹直线、弧线、圆等，还可以自己擦嘴、洗手、使用勺子等餐具，但是每个婴幼儿存在个体差异，因此具体表现并不完全一致。接近 3 周岁的时候，婴幼儿还可以尝试使用安全剪刀，能撕纸，能借助轻黏土等进行团、揉、搓等手部精细动作，还能扣扣子、拉拉链等。2—3 岁婴幼儿的精细动作的游戏素材是非常丰富的。

游戏视频
树叶拓印
艺术活动

▲ 图 4-7 移动瓶盖

▲ 图 4-8 用吸管吹瓶盖

▲ 图 4-9 夹瓶盖

▲ 图 4-10 拧瓶盖

瓶盖系列游戏：拿着瓶盖沿着虚线移动，进行手眼协调的视觉追踪；拿着吸管，吹动漂在水面上的瓶盖，可以锻炼肺活量；先将瓶盖做成毛毛虫造型，再用夹子把用纸搓成的小球放到瓶盖内；尝试拧瓶盖。

（二）婴幼儿精细动作发展的规律

婴幼儿精细动作的发展规律遵循从上到下、从中央到四周的规律，也就是从肩部到肘部、腕部再到手指，先从靠近身体的上臂到远端的手部。

1. 逐步细化的规律

游戏视频
宝宝玩串珠游戏

从手部肌肉的运动情况看，精细动作发展的肌肉运动是从手掌的大块肌肉运动向手指的小肌肉运动动作发展的；从全手掌的动作向多个手指参与的动作发展，然后再向几个手指动作发展。例如，最开始婴幼儿使用双手的整个手掌合拢接住物品。随后，婴幼儿可以用多个手指弯曲接住成人递过来的物品。最后，婴幼儿可以用两到三个手指准确地捏住成人递过来的物品。

在"包糖果"游戏中，婴幼儿将钙塑板做成的"奶糖"用皱纹纸包裹起来，并在两端做旋转的动作。

▲ 图 4-11　"包糖果"游戏

2. 力量渐强的规律

游戏视频
宝宝玩扣纽扣游戏

婴幼儿的手掌握力和手指力度逐步增强，一方面是抓握的力量，另一方面是手指配合时动作的力量。这两种肌肉力量的增强，为各类精细动作的实现奠定了基础。随着拇指、手指动作的分化，每个手指的灵活性增强且功能也有所区分，主要的手指得到了更多的运动，因此力量越来越强。

根据力量渐强的规律，保教人员在设计和实施精细动作游戏时，既要有使用力量的游戏，也要有促进手指动作分化、加强精细度的游戏。

"切切乐"游戏既能锻炼手部力量，也能在粘贴"面包片""水果片"和使用工具的过程中发展手部精细动作。

▲ 图 4-12　"切切乐"游戏

第二节 婴幼儿运动游戏的组织与实施

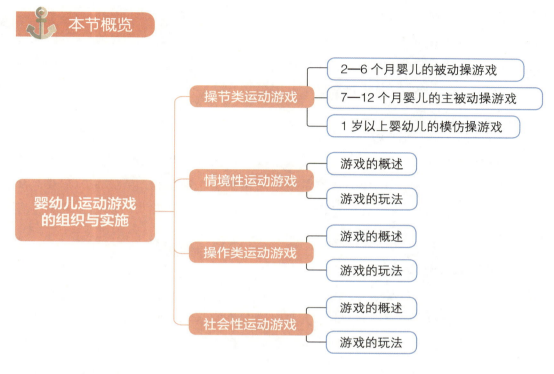

本节概览

- 婴幼儿运动游戏的组织与实施
  - 操节类运动游戏
    - 2—6 个月婴儿的被动操游戏
    - 7—12 个月婴儿的主被动操游戏
    - 1 岁以上婴幼儿的模仿操游戏
  - 情境性运动游戏
    - 游戏的概述
    - 游戏的玩法
  - 操作类运动游戏
    - 游戏的概述
    - 游戏的玩法
  - 社会性运动游戏
    - 游戏的概述
    - 游戏的玩法

案例导入

揠苗助长不可取

东东爸爸不知道爬行对婴幼儿发展的意义，总听到自己的母亲说他小时候 10 个月就会走路了。东东爸爸看到东东 8 个月还不会爬，更不会走，内心很着急，于是抱着东东扶着他站着，想让东东尽快学会走路。可是，这样做东东并不配合，不一会儿就哭了起来。

东东妈妈听到哭声赶来，跟东东爸爸讲解了科学保教的知识："宝宝先学会爬，并且平时多爬一爬对身体非常有好处，老人说的以前的个别例子没有科学性，也没有代表性，怎么能按照这个来培养孩子呢？现在都是脑科学家、运动学家、教育学家、医学家等在研究婴幼儿身心发展的情况，所以，一定要尊重科学，否则伤害了宝宝，后悔都来不及。"东东爸爸听了以后，感觉育儿还真不是一件凭经验或凭"我们小时候如何如何"就能轻易完成的事情，也表示自己以后要多了解一些育儿知识。

阅读上述案例，讨论：东东爸爸的做法为什么是错误的？在0—3岁婴幼儿的家庭教育中存在着大量的经验主义者，这些家长的做法以偏概全、以点带面，认为只要带过孩子、孩子没有安全问题，能管好孩子的吃喝拉撒，就可以做好0—3岁婴幼儿托育工作。事实上并非如此，那些不符合婴幼儿身心发展规律的教育方式会对婴幼儿身心造成不良的影响，甚至会在成年有所体现。因此，我们要高度重视0—3岁婴幼儿教育的科学性问题，尤其是运动游戏更要尊重婴幼儿身体发育的规律，否则容易造成运动损伤。本节我们将围绕婴幼儿运动游戏的组织与实施进行阐述。

本节将0—3岁婴幼儿的游戏分为操节类、情境性、操作类、社会性游戏。操节类游戏是指喊口令做动作，节奏感很强的运动游戏；情境性游戏是指营造了某个游戏情境，解决问题的运动游戏；操作类游戏是指运用精细动作操作和摆弄物品的游戏；社会性游戏是指同伴互动、合作的运动游戏。下面依次对每一类游戏的设计、组织、实施等进行阐述。

一、操节类运动游戏

操节类游戏有助于锻炼婴幼儿的身体骨骼和肌肉，主要是结合音乐、口令、儿歌等进行身体运动。操节类游戏要根据婴幼儿的大肌肉动作发展特点和规律进行设计，符合婴幼儿的生理特点和发育情况，游戏规则较为简单，按照节律节拍活动身体，做出不同的动作即可。

操节类游戏能促进婴幼儿身体正常发育和生理机能水平的提高，有助于基本动作的学习和锻炼，能够加强肌肉力量，巩固抬头、翻身、坐、爬、站、走、跑等动作，增强婴幼儿动作的协调性和灵活性。婴幼儿操节类游戏不仅是一种简易的体格锻炼方法，更是成人和婴幼儿进行情感交流、对话互动的有效方式，能让婴幼儿拥有良好的情绪，增进依恋关系。

（一）2—6个月婴儿的被动操游戏

被动操游戏是指婴幼儿在成人的帮助下，改变身体姿势，体会身体运动感觉的游戏，适用于2—6个月的婴儿。这是因为这个阶段的婴儿尚不能自主运动，需要保教人员协助他们运动，从婴儿角度来看就是被动运动。

被动操游戏主要锻炼婴儿的胸部肌肉和四肢肌肉，活动全身各个关节，拉伸部分韧带。被动操的操节顺序要按照大肌肉动作发展从近到远的规律进行设计和安排，并且强度也遵循由低到高的顺序。被动操的操节顺序是基本稳定的。

目前托育机构收半岁之前的婴儿尚不算多，但是学生或保教人员仍需要掌握和了解被动操的操作方法及基本步骤，一方面是为了指导家长进行亲子互动，另一方面也有助于进一步掌握婴儿的身体运动特点和规律。如果所在的机构或者实习期间无法遇到半岁以内的婴儿，则可以用娃娃玩具进行实操巩固。另外，要知晓给婴儿做被动操应在婴儿进食半小时之后，避免婴儿因饥饿而无力，也避免因刚进食而溢奶；动作的速度都要慢一些，有一定的节律，要跟婴幼儿进行简单的对话，让他们感受到成人愉快的情绪。做完操之后，还需要注意婴儿的保暖和补水。

（二）7—12 个月婴儿的主被动操游戏

主被动操游戏是指到了婴儿半岁之后，就可以在成人适当扶持下，加入自己的力量和活动的成分，能在和成人互动过程中部分主动地完成的操节，实现锻炼四肢肌肉、增强关节韧性、加强腰腹肌肉力量、锻炼脊柱的目的。

主被动操游戏适用于 7—12 个月的婴儿，这一阶段婴儿已经有了初步的自主活动能力，能自由转动头部，能自己翻身，能独坐片刻，双下肢能承担一定的重量，而且能够主动地活动下肢。主被动操的具体内容分为：起坐运动、起立运动、提腿运动、弯腰运动、挺胸运动、转体、翻身运动、跳跃运动、扶走运动。一共 8 节，每节两个 8 拍，涉及左右之分的动作，应该对称轮换。

游戏视频
主被动操

在带婴儿做主被动操的过程中，保教人员同样要注意表情和语气的互动，如"大象咚咚咚咚走来了"，一边说一边做提腿运动，让婴儿感受到运动时光的快乐，喜欢活动身体的过程，为运动兴趣的培养奠定基础。尽管婴儿的弯腰、伸腿等动作是规范的，但还是需要保教人员用游戏化的语言引导婴儿去完成。由于这一阶段的婴儿具有一定的活动自主性，因此保教人员的动作要轻柔，在感受到婴儿主动的力量时，应该顺势而做，切忌生拉硬拽，应尽量让婴儿自己用力，以保证锻炼的效果。

（三）1 岁以上婴幼儿的模仿操游戏

1—3 岁的婴幼儿能够开始行走，慢慢学会跑、跳，乐于学习和模仿，因此模仿操游戏是深受婴幼儿喜爱的形式，也符合他们该年龄段以模仿学习为主的心理特征。婴幼儿模仿操游戏具有强烈的游戏性和趣味性，主要是在音乐、儿歌的伴奏下，婴幼儿用身体模仿各种动作。常见的模仿对象有以下内容：自然现象，如太阳升起降落、刮风、下雨等；日常生活，如起床、睡觉的动作，刷牙洗脸的动作等；动物植物，如各类小动物的形态与动态、植物的样子等；成人的劳动，如模仿司机开汽车、医生看病等。

游戏视频
音乐律动
运动游戏

模仿操游戏的具体内容可以根据婴幼儿的兴趣爱好进行设定，动作不宜过多，要便于婴幼儿模仿。保教人员的示范动作要稳定、到位、正确，不能经常变化或者动作不到位，但是不强求婴幼儿的动作和姿势。保教人员还可以根据婴幼儿的兴趣爱好进行类似的创编。

在室外做模仿操的时候要做好场地准备和生活准备，保教人员宜选择阴凉通风、地面平整安全的场地，避免阳光直射婴幼儿的面部。保教人员还要带一些餐巾纸、水壶、毛巾等，根据婴幼儿的实际需要进行使用。一般来说，秋冬季在运动之前可以帮婴幼儿把厚外套脱掉，以免出汗太多，不利于散热。

二、情境性运动游戏

根据婴幼儿爱模仿的心理特点，情境性运动游戏可以让婴幼儿通过想象进入某种游戏情境。

游戏视频
情境性运动：
彩虹伞游戏

游戏视频
户外运动：钻山洞

（一）游戏的概述

情境性运动游戏是指营造某种游戏场景，让婴幼儿在场景中模仿生活、角色扮演、参与运动的游戏。它跟模仿操有相似的地方，但是操节、口令并不明显，而是以游戏的方式进行运动。

（二）游戏的玩法

保教人员可以根据近期的活动内容、课程安排，设计相应的运动情境，激发婴幼儿游戏的兴趣。例如，快到元旦了，保教人员可以带领婴幼儿在户外，然后对他们说："今天我们来放烟花，我们一起把烟花扔到天上吧。"此处的"烟花"是指用纸筒、飞盘等重量轻、便于投掷的物品做成的小玩具。扔"烟花"的游戏可以锻炼婴幼儿的上臂力量。除了借助小道具、小器械，保教人员还可以营造徒手运动的情境。例如，保教人员带领婴幼儿来到一处宽阔的场地，说："今天我们是消防员，我们一起开消防车吧！"然后示范抬起手臂，走路或慢跑，走跑一段之后，可以说："哎呀，这里着火了，我们一起救火吧！"然后做出左右移步的动作，配合上肢动作模拟救火的场景。如此，婴幼儿在游戏中运动了身体，起到了锻炼的作用。

▲ 图 4-13 安全的游戏环境

宝宝们爬上栏杆，对其他小伙伴呼喊"快到这里来躲雨""这里不会被水淹"。可见，他们自创了一个跟安全、自我保护相关的游戏情境。

游乐园真好玩

保教人员带领 2—3 岁的宝宝们假装来到游乐园玩，营造了游乐园的情境。

保教人员："我们来坐旋转木马啦！小木马，转呀转，一圈一圈转转转！"保教人员一边说一边双臂侧平举，旋转身体，引导宝宝们跟着做出旋转木马的动作。

保教人员："我们来坐小飞机！小飞机，飞呀飞，飞得低，飞得高！"保教人员一边说一边双臂侧平举，交替变化站起、蹲下两个动作，保持身体平衡。

保教人员将几个基本动作融入游戏中，继续变化不同的情境、不同的动作，在游戏中让宝宝们的身体得到了锻炼。

在"游乐园"游戏中，保教人员模拟情境，用情绪、语言、动作引导婴幼儿进入游戏情境，仿佛真的在畅游游乐园，将基本动作巧妙与提示语融合，引发了婴幼儿对转体、下蹲等动作的兴趣，双方互动的氛围较好。

三、操作类运动游戏

根据婴幼儿直觉行动性的思维特点，操作类运动游戏是指为婴幼儿提供可供操作的器械、材料等供幼儿游戏。

（一）游戏的概述

操作类运动游戏是指借助材料、器械等进行的运动游戏，体现出婴幼儿对运动器材的运用能力以及创意玩法。运动器材可以分为小型、中型和大型器械，如摇椅、滑梯、秋千等属于大型体育器械。操作类运动游戏中运用的主要指婴幼儿可以手持的小型器械和玩具。常见的婴幼儿操作类运动游戏有：持物行走、走或跑到某个地点取物、利用器械玩具本身开展运动游戏、投掷器械等。

游戏视频
操作类自制
小器械游戏

（二）游戏的玩法

器械玩具的运用可以增加婴幼儿游戏的趣味性、情境性，增强对运动材料特点的感知。常见的器械主要有：皮球、沙包、海绵棒、小拖车、滚筒等。保教人员可以购买现成的运动玩具，也可以根据婴幼儿的兴趣自制一些运动游戏材料。例如，将多个布条绑在一起做成一个"烟花"；用奶粉桶、PVC 管子做成压路机；用干净的纸箱做成可以推动的箱子、小汽车等造型；用矿泉水瓶子做成会变色的摇摇瓶等。自制的操作材料要确保安全和卫生。

宝宝用铲子挖沙，并且想办法装进大水桶内，在操作和使用工具过程中发展动作技能。

▲ 图4-14　运沙子

将大矿泉水瓶装满水，用于滚动、推动，可以锻炼宝宝的上臂力量和手眼协调。

▲ 图4-15　滚水瓶

游戏现场

压路机来了

　　曹老师向宝宝的家长们收集了一些奶粉桶，先在奶粉桶的顶部和底部钻出孔，再用PVC管子做一个长方形的框架，然后用它串上奶粉桶，一个有趣的"压路机"就做好了。

　　宝宝们手持PVC管子，一边推着"压路机"，一边行走，能够锻炼宝宝们的上臂和双腿。

　　宝宝们玩得非常开心，推来推去，压来压去，仿佛真的在压路，玩得不亦乐乎。

自制的游戏材料"彩色窗户"，既有认知功能，也有助于婴幼儿的精细动作发展。

▲ 图 4-16 "彩色窗户"

利用卷纸芯、毛绒玩具、木头果树玩具，自制了"小猴吃果子"的游戏材料。

▲ 图 4-17 "小猴吃果子"

用薯片桶和铃铛做成游戏材料。婴幼儿拿取铃铛后，通过薯片桶上方的小孔将其放入桶内，能听到"叮当"的声音，从而感知因果关系的存在。

▲ 图 4-18 "叮当"响

婴幼儿取放扁平的纽扣玩具，塞到扁长的小孔中，既能发展精细动作，又能听到掉落的声音，从而感知因果关系的存在。

▲ 图 4-19　塞纽扣

婴幼儿使用小勺子舀起小圆片，放到小动物的口中。

▲ 图 4-20　喂动物

▲ 图 4-21　毛球游戏 1

▲ 图 4-22　毛球游戏 2

毛球是便于抓握、夹取的低结构游戏材料。婴幼儿可以使用勺子、夹子等工具玩毛球游戏。

四、社会性运动游戏

随着婴幼儿自我意识和社会化的发展，他们需要与其他人互动，共同开展游戏活动。保教人员要有意识地引导婴幼儿进行需要人际互动才能完成的游戏。

（一）游戏的概述

社会性运动游戏主要是指婴幼儿之间合作完成或者保教人员带领一小部分婴幼儿集体合作互动开展的游戏，体现了人与人之间的情感互动。例如，传统的丢手绢游戏、老鹰捉小鸡游戏都属于需要合作和社会性互动的运动游戏。对于0—3岁婴幼儿来说，社会性运动游戏处于启蒙阶段，能够在确保安全的情况下，有简单的合作、互动就是可以的。

游戏视频
宝宝玩
吹泡泡游戏

（二）游戏的玩法

保教人员可以先从一对一的互动开始，组织婴幼儿先适应与同伴一起活动。例如，两名婴幼儿互相玩"踩影子"的游戏，选择一个阳光明媚的天气，让婴幼儿观察地面上的影

保教人员将空桶摆放成两排，引导宝宝们分成两队绕障碍行走，初步建立小团队的概念。

▲ 图4-23　绕障碍物

婴幼儿在第二次玩双手平举空桶的游戏时，比上一次更有团队意识，能互相对视、对话。

▲ 图4-24　举空桶

子，然后一对一结伴，一个人走跑移动，一个人去踩另一个人的影子，增强婴幼儿的反应速度，促进同伴互动。又如，在精细动作方面，两名婴幼儿玩面对面拍手、对手掌的游戏及手指操等。

游戏现场

夹汉堡游戏

夹汉堡游戏适合 1.5—3 岁的婴幼儿，可以由 2—4 名婴幼儿一起玩。初次接触游戏的婴幼儿可以两两合作来玩。

游戏基本动作为：将手掌依次放在别人的手掌上面，不断循环。循环过程中说一句话："夹 ** 呀夹 **"，可以替换为各种食物的名称。

例如，一个宝宝一边伸出手一边说"我们来做汉堡啦，夹黄瓜呀夹黄瓜"，另一个宝宝把手放在对方手上说"夹番茄呀夹番茄"。

在此过程中，婴幼儿既能说出很多食物的名称，丰富了语言表达，也能按照一定的顺序交替换手，锻炼了手眼协调能力。

▲ 图 4-25　合作托小球

> 两名婴幼儿合作，用两根小木棍共同托起一个小球，运到指定的地方。

手指操是深受婴幼儿喜欢的游戏，可以活动婴幼儿的手、眼、脑等。手指操通常是指保教人员和婴幼儿互动，或者让婴幼儿之间互动的游戏。它不仅能锻炼婴幼儿小肌肉的灵活性、协调性，还能在愉悦的氛围中，让婴幼儿体验到情感交流，增进婴幼儿与周围人的情感。

· 游戏现场 ·

手指游戏模仿操

曹老师发现手指游戏模仿操可以运用到生活中的各个环节，能够起到吸引婴幼儿注意力的作用。大部分婴幼儿愿意模仿保教人员的手部动作，能够专注观察、动手操作。需要保教人员注意的是，大部分情况下，手指游戏都需要动作伴随语言，以此促进婴幼儿语言表达能力的发展。此外，手指游戏还可以引发婴幼儿的联想和创造，如将一根手指想象为毛毛虫，将两根手指想象为小兔子等。

对于 2 周岁以上的婴幼儿，可以尝试多人合作的游戏，比如长长的海绵棒，需要几个婴幼儿一起运输；又如将很多的皮球当成西瓜，需要多名婴幼儿合力用筐子抬走等。保教人员可借助多种游戏情境，为婴幼儿创造合作完成运动小任务的机会，让他们体验与同伴一起游戏的乐趣，为今后的人际交往做好铺垫。

游戏视频
宝宝玩水车游戏

内容小结

本章分年龄阐述了 0—3 岁婴幼儿在粗大动作和精细动作上的发展特点与规律，为组织和设计游戏提供了基础性参考。根据婴幼儿的发展阶段，将运动游戏分为操节类运动游戏、情境性运动游戏、操作类运动游戏和社会性运动游戏。这几类游戏有各自的特点和价值，但并不是彼此割裂的。本章通过游戏现场和图片资料，为游戏的组织和实施提供了样例。

课后练习

1. 各年龄段婴幼儿在粗大动作上有哪些主要的动作发展表现，从中选择 2—3 种动作设计相应的游戏。

2. 各年龄段婴幼儿在精细动作发展上有哪些表现，以此为依据设计 2—3 个游戏。

3. 根据本章内容，选择一个年龄阶段，设计 1—2 个婴幼儿的模仿操。

4. 根据本章内容，选择一个年龄阶段，设计 1—2 个婴幼儿的手指操。

5. 请选择一个年龄阶段，分别设计一个情境性运动游戏、操作类运动游戏和社会性运动游戏。

实训任务

在实习实训过程中，组织和实施自己或小组设计的大肌肉运动游戏和精细动作游戏，并且撰写实施后的心得体会，与同学进行交流讨论。

第五章 | 婴幼儿语言游戏

 学习目标

1. 理解婴幼儿语言发展的规律和特点。

2. 能根据婴幼儿的语言发展情况，设计适合的听说类游戏。

3. 能根据婴幼儿的发展情况，设计和组织早期阅读类游戏。

4. 能借助不同的游戏材料，组织和实施适宜的语言游戏。

5. 掌握保教人员在组织和实施语言游戏时的指导要点。

第一节 婴幼儿语言游戏概述

本节概览

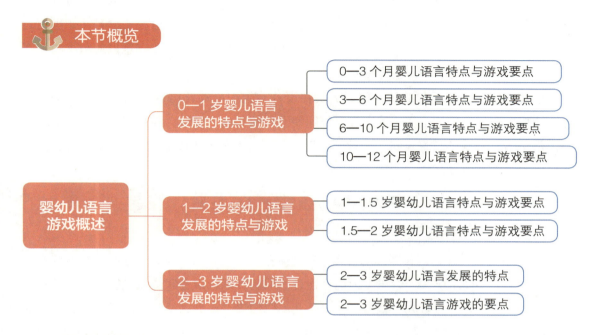

案例导入

为什么这么喜欢听故事

曹老师今年带托大班，班级里是 2—3 岁的婴幼儿。曹老师发现，最近孩子们吃饭特别好，这是因为她在孩子们吃饭之后散步之前的时间里增加了一个讲故事环节。曹老师找了一本《婴幼儿故事集》给孩子们讲故事，里面的故事句子简单，重复性语言多，孩子们听得津津有味。这几天孩子们喜欢听《西瓜船》的故事，每当曹老师说到"西瓜船，划呀划，遇到了小兔子。小兔子，请上船，噗，变大了"时，孩子们总会重复"噗"这个象声词，并且跟着"划呀划"等短句不断地重复。《西瓜船》的故事中一共有 5 种小动物坐上了西瓜船，曹老师在讲故事时，对故事稍加改编，又增加了几种孩子们熟悉和认识的小动物坐上了西瓜船。

阅读上述案例，思考：为什么 2—3 岁的婴幼儿喜欢听故事，并且愿意跟着重复象声词？本章将围绕婴幼儿语言发展的特点和规律，将 0—3 岁分为不同阶段进行详细阐述，从而提出适合 0—3 岁婴幼儿的听说游戏、早期阅读类游戏以及其他语言类游戏的基本特点，让保教人员掌握组织和实施语言游戏的方法。

　　语言是0—3岁婴幼儿发展的重要内容。语言的发展关系到婴幼儿的社会交往、思维发展、自我表达。婴幼儿的语言发展主要是口头语言的理解和使用，以及初步的早期阅读能力。0—3岁是婴幼儿语言发展的关键期，为此，保教人员要注意引导婴幼儿的语言学习，使婴幼儿能够语言表达主动、专注倾听、体会到阅读的快乐。语言的学习并非生硬的训练，而是在日常交流和游戏活动中习得、运用的，因此保教人员要有意识地组织和实施语言相关的游戏，使婴幼儿在游戏中习得语言。

　　语言同时也是文化的载体。保教人员在设计与组织婴幼儿语言游戏时也要注意文化性，体现出中华优秀传统文化的内容。如朗朗上口的儿歌、童谣，经典有趣的传统小故事等，都是语言游戏的良好素材。因此，保教人员要注意做到有文化意识，树立文化自信，选取优秀的语言游戏素材。

一、0—1岁婴儿语言发展的特点与游戏

（一）0—3个月婴儿语言特点与游戏要点

　　0—1岁是婴儿建立语言基础的阶段。这个阶段的婴儿大部分时间是在倾听外界的语言输入。由于婴儿尚不能牙牙学语，他们会通过不同的音调、声音跟成人进行交流。只要细心听辨婴儿的声音，保教人员就能分辨出婴儿不同的语音语调，经过一段时间的相处，也会理解婴儿发出的不同声音代表着不同的情绪、含义。

• 教师研讨

　　汤老师是新入职的保教人员，她和经验丰富的王老师、朱老师搭档，一起照顾6个1岁以内的婴儿。汤老师听到宝宝们的哼哼声时，总以为是他们饿了。可是王老师和朱老师却并没有冲奶粉给宝宝，这让汤老师感到很困惑，便提出了自己的疑问。王老师说："其实孩子们的声音信号是不一样的，结合喝奶的时间记录，就可以判断出他们是发出了什么声音信号，比如有时候只是象征性地哼哼两声，可能代表着'我醒啦，来陪陪我呀'，这时我们跟宝宝说说话，逗逗他，他就会很开心，玩累了就睡着了。有的时候，喝完奶1小时左右，宝宝哼哼的声音带着一点焦急，他可能是在告诉我们'我小便了'。有的时候，宝宝3个小时没喝奶了，肚子饿了，会发出比较强烈的声音，如果不及时喂奶就会一浪高过一浪地哭起来。"汤老师听了若有所思："原来是这样，看来我要仔细听辨一下宝宝们给我的声音信号。"

通过上述教师研讨案例不难看出，婴儿尽管还不会说出准确的词汇，但是已经能运用声音表达自己的需求，表达人际交往的愿望。婴儿的声音不全是哭声，而是有呜呜声、啊啊声、呀呀声等不同的语音。

（二）3—6个月婴儿语言特点与游戏要点

3—6个月的婴儿已经可以发出一些嘟嘟、妈妈、哒哒等声音，并且也能对"宝宝"或自己的名字做出反应。对这个阶段的婴儿，保教人员可以跟他们玩自问自答的语言游戏，即通过经常性对话、自问自答的形式跟婴儿对话互动，或者抱着婴儿指认各类事物，如指认家人、实物，通过名词、叠词、拟声词等基本词汇，跟婴儿玩游戏。保教人员也可以准备一些清晰且尺寸较大的识物卡片，在给婴儿出示卡片的时候说出相应的词汇，以丰富婴儿的语言经验。

（三）6—10个月婴儿语言特点与游戏要点

7—10个月的婴儿一般能发出"爸爸、妈妈"的语音，还能够听懂自己的名字，喜欢寻找声音的来源，能够理解简单的句子，并根据简单的口令做出相应的动作。这个阶段的婴儿还乐于开展语言动作模仿游戏。例如，成人说出"再见"，再做出摆手的动作，婴儿很愿意模仿，并且将语言信号和身体动作建立链接。类似的还有"你好、欢迎、吃饭、睡觉"等与生活经验相关的或具有一定意义的词语，将它们跟相应动作建立链接，能为婴儿的人际互动和语言理解奠定良好的基础。

（四）10—12个月婴儿语言特点与游戏要点

10—12个月的婴儿有简单的模仿能力，如模仿成人发出的音节。他们能感知和积累每天听到的各类语言元素，能够用简单的词语和动作与成人互动，听懂与日常生活有关的指令话语，回应成人简单的提问，如问"妈妈在哪儿""车子在哪儿"的问题，还能够用手

保教人员创设温馨的阅读角，供婴幼儿取放图书，坐在小沙发上阅读。

▲ 图5-1　阅读角

保教人员用实物和图片自制图画书，带婴幼儿一起指认命名。

▲ 图5-2　看图识物

指向有关的人或物。这个阶段的语言游戏既可以增加一定的短句，提高婴儿的语言理解能力，还可以采用问答式、对话式游戏的方式让婴儿模仿拟声词、叠词、名词，配合动作模仿动词，指认物品或人物等。这个阶段的婴儿也可以进行早期阅读的语言游戏。随着视觉不断发育完善，婴儿喜欢看色彩饱和的画面，为此，保教人员可以借助图画书、厚纸板材质的婴儿实物卡片、布艺图书等，与婴儿进行早期阅读活动。

二、1—2岁婴幼儿语言发展的特点与游戏

婴幼儿在建立语言基础之后，在1—2岁时进入了语言理解和表达阶段。

（一）1—1.5岁婴幼儿语言特点与游戏要点

1—1.5岁的婴幼儿不仅能听懂成人发出的简单指令，会说自己的名字、熟悉的人名和动物的名字，也能模仿不同的声音。尽管尚不能说出很多词汇，但是他们会用手势、表情补充交流；尽管不能完全复述出来，但是他们能理解成人话语的意思。为了让婴幼儿的发音更准确，保教人员可开展听说游戏，让他们有更多交流和运用口语的机会。

（二）1.5—2岁婴幼儿语言特点与游戏要点

1.5—2岁的婴幼儿喜欢模仿成人阅读的动作，并且喜欢反复听同一本书、同一个故事，能初步理解故事的内容，对画面中的信息指指点点，并根据故事内容模仿词语或短句。为此，保教人员可开展早期阅读的活动，让婴幼儿能对应理解语言和图画之间的关系。这一阶段婴幼儿的口语也得到了较快发展，喜欢模仿成人说话，回答简单的问题，如是什么、在哪里、怎么做等，还能听懂并执行2个连续动作的要求。因此，保教人员可以多开展听说游戏，尤其是"听口令做动作的游戏"。

保教人员创设了"小猫钓鱼"的语言游戏场景，引导宝宝们一边钓鱼，一边模仿短句"小鱼小鱼你在哪""钓到一条鱼"等。保教人员还可以在这一情境中为宝宝们讲述小猫钓鱼的故事。

▲ 图 5-3 "小猫钓鱼"

· 教师研讨 ·

赵老师班级中 6 个宝宝的年龄为 1—2 岁。在考虑班级中如何创设有助于宝宝语言发展的环境时，她做了如下安排。

第一，投放了故事机、小话筒，让宝宝可以通过按按钮选择喜欢的故事，还可以用小话筒咿咿呀呀地说话，提高宝宝听和说的兴趣。

第二，准备了一些卡通口袋，里面放了一些动物小玩偶、小积木、小汽车等不同的玩具，让宝宝可以在这里摸一摸口袋，从里面拿出玩具，再说一说、讲一讲短句，如"哇，找到了小汽车""小汽车嘀嘀嘀"。

第三，请家长带来宝宝生活中的各类照片，把这些照片做成相册，供宝宝翻阅和描述。

赵老师的三个安排，分别指向了语言理解、语言表达、早期阅读，把宝宝们的兴趣一下子给调动了起来，同时使他们的语言能力也获得了发展。

保教人员用厚牛皮纸自制中间镂空的图画书，引导婴幼儿观察和讲述生活中常见的圆形物品。

▲ 图 5-4 "圆圆的"

三、2—3岁婴幼儿语言发展的特点与游戏

2—3岁是婴幼儿口语表达能力迅速发展的阶段。在这个阶段，婴幼儿语言表达的积极性很高，语言水平也提升得很快。

（一）2—3岁婴幼儿语言发展的特点

2—3岁的婴幼儿能听懂2—3个短句组成的话语，词汇量也迅速扩大，并且开始对没听过的词语表达出好奇心，喜欢问"这是什么""为什么"等问题。面对成人的提问，他们愿意积极回应，能够用简单的短句表达自己的需求和想法；能增加一些动词、形容词等，口语表达的流畅程度比原来提高了；能区分"你、我、他"，能明确了解词语所代表的意义。这一阶段的婴幼儿能区分图画和文字，知道故事的主要情节，能对书本中的画面进行简单的描述，记忆力较好，还能够背诵一些儿歌。

（二）2—3岁婴幼儿语言游戏的要点

在这个阶段，除了可以开展多样的听说游戏和语言游戏，保教人员还可以结合绘画涂鸦引导婴幼儿进行语言描述。例如，让婴幼儿对自己的涂鸦线条进行描述，可提高婴幼儿的想象力和口语表达能力。

为了培养婴幼儿良好的阅读习惯，保教人员用钙塑板自制了厚厚的可翻阅的图画书，在图画书的右下角挖出圆孔，提示婴幼儿翻书的位置。

▲ 图5-5　自制图画书

孔洞的设计便于让婴幼儿翻页成功，使婴幼儿逐渐养成看一页、翻一页的习惯。

▲ 图5-6　培养宝宝翻页阅读

· 教师研讨 ·

曹老师是托大班的保教人员，班级中的孩子们大多为 2—3 周岁。曹老师把孩子们语言发展的目标渗透在每天的生活环节和各种游戏活动中。

看到孩子们喜欢摆弄印章等材料，曹老师引导他们说"小小印章，亲一亲，一个五角星 / 爱心印好了"。看到孩子们喜欢用海绵拓印树叶，曹老师引导他们一边拓印一边说"蘸一蘸，敲一敲，小小树叶穿新衣"。看到孩子们喜欢玩穿木珠游戏，曹老师引导他们一边串珠一边说"红果果，绿果果，穿成一串糖葫芦"。在孩子们洗手的时候，曹老师也会将洗手步骤编成儿歌，引导孩子们边洗手边念儿歌。

在这样的语言环境下，班级中的孩子们有大量开口表达自己想法的机会。这不仅有助于孩子们理解各种句子的意思和内涵，也增加了他们运用语言的机会。

保教人员熟悉和了解各年龄阶段婴幼儿语言发展的特点和游戏的侧重点，能为进一步组织与实施游戏奠定良好的基础。此外，保教人员还应当在实际观察的基础上，了解所面对的婴幼儿的真实语言发展水平，从而有针对性地开展语言游戏活动。

第二节　婴幼儿语言游戏的组织与实施

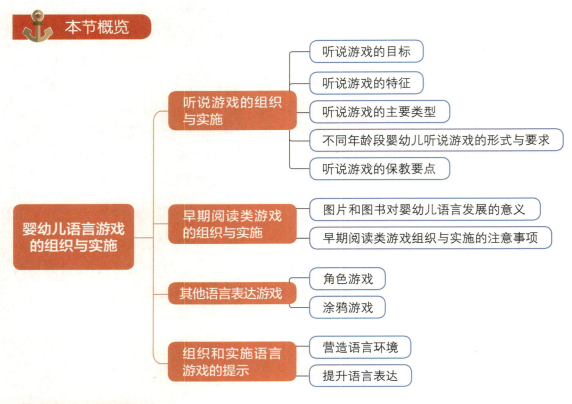

本节概览

婴幼儿语言游戏的组织与实施
- 听说游戏的组织与实施
  - 听说游戏的目标
  - 听说游戏的特征
  - 听说游戏的主要类型
  - 不同年龄段婴幼儿听说游戏的形式与要求
  - 听说游戏的保教要点
- 早期阅读类游戏的组织与实施
  - 图片和图书对婴幼儿语言发展的意义
  - 早期阅读类游戏组织与实施的注意事项
- 其他语言表达游戏
  - 角色游戏
  - 涂鸦游戏
- 组织和实施语言游戏的提示
  - 营造语言环境
  - 提升语言表达

案例导入

好玩的语言游戏

　　曹老师班上大多是 2 岁—2 岁半的宝宝，她喜欢和宝宝们玩语言游戏，她班里的宝宝语言表达能力也很强，这到底有什么秘诀呢？原来，曹老师在一日生活中处处渗透了语言教育的元素。比如在照顾宝宝们换衣服的时候，她会诵读儿歌"出汗啦，好热呀，脱掉外套，散散热，怎么脱，双手交叉，抓衣服，一、二、三，向上拉，再把脑袋钻出来，耶，衣服脱掉啦！"每当曹老师这么说的时候，宝宝们都模仿脱衣服的动作，动手能力也得到了锻炼。又如，离园前跟每个宝宝亲一亲、抱一抱，曹老师会借此机会和宝宝们玩说悄悄话的游戏，说上一句暖心的话："宝宝，今天你真可爱！""宝宝，晚上我会想你哟！""宝宝，明天来告诉我，晚上你看了什么书。"曹老师这样做不仅增进了她和宝宝之间的情感互动，也让宝宝的语言能力得到了很大的提高。

阅读上述案例，请讨论：婴幼儿的语言游戏有哪些方式？其实，婴幼儿的语言游戏形式是多样的，既有专门的语言游戏，也有渗透在一日生活中的游戏活动；既有听说读画的，也有隐含在各类交流之中的。本节将对不同的语言游戏形式进行阐述。

一、听说游戏的组织与实施

听说游戏是用游戏的形式组织语言教育活动，主要由保教人员设计组织、婴幼儿自愿参加，具有游戏和学习双重性质。

（一）听说游戏的目标

听说游戏的内容主要集中在婴幼儿对听和说的理解及表达，其目标主要包括以下两方面。

第一，在听说游戏中培养婴幼儿的口语表达能力。在参与听说游戏的过程中，婴幼儿自觉地参与语言的学习，包括复习巩固发音、扩展练习词汇、尝试运用句型。例如，听儿歌、说儿歌等是典型的婴幼儿语言游戏。

第二，在听说游戏中提高婴幼儿积极倾听的水平。听说游戏是婴幼儿进行语言学习的平台。婴幼儿在形象、生动、有趣的听说游戏中，更容易产生学习语言的主动性与自主性。因此，保教人员以游戏的方式来组织听说游戏，对婴幼儿积极倾听能力的提高具有特殊的作用。

（二）听说游戏的特征

结合婴幼儿的语言发展特点，听说游戏具有趣味性和日常性、整合性和渗透性、发展性和变化性的特征。

第一，趣味性和日常性。正如本节导入部分的案例，婴幼儿的语言学习是以活泼、有趣的游戏形式来开展的。听说游戏可发展婴幼儿的听音、辨音、模仿成人发音等能力，提高语言理解能力。婴幼儿的听说游戏可融入日常生活，便于随时进行。

第二，整合性和渗透性。保教人员可将语言学习和生活内容有机结合，在照料婴幼儿喝奶、穿衣、大小便、洗澡、睡觉等一系列活动中，都可以和婴幼儿进行听说游戏。

第三，发展性和变化性。听说游戏并非一成不变的，而是有一个从接受学习到自主游戏的过程。听说游戏兼有活动和游戏的双重性质。保教人员最开始进行听说游戏时，可先从活动入手来安排内容，随着婴幼儿熟悉水平的提高，逐步扩大游戏的成分，最后变成婴幼儿自主进行的游戏。

（三）听说游戏的主要类型

根据婴幼儿语言发展阶段和特点，0—3岁婴幼儿的听说游戏侧重于对语言的学习，注重培养婴幼儿语言的快速反应能力和理解能力。听说游戏主要包含语音、词汇、句子、描述游戏四种类型。

1. 语音游戏

语音游戏可以帮助婴幼儿学习正确的发音，提高婴幼儿辨音能力。例如，各类小动物的叫声、自然界的象声词等。

2. 词汇游戏

词汇游戏可以丰富婴幼儿的词汇，帮助他们正确运用各种常见的词汇。例如，念唱各类朗朗上口的儿歌。

3. 句子游戏

句子游戏通过专门或集中的语言活动，引导婴幼儿把握某一句法的特点和规律，重点在让婴幼儿自己说句子。句子游戏适合2岁以上的婴幼儿。例如，说一说具有句子重复性的小故事。

4. 描述游戏

在描述游戏中，婴幼儿运用较连贯的语言来形象生动地描述事物，并提高语言表达能力。描述游戏适合2岁以上的婴幼儿。例如，保教人员出示某一玩具、食物，让婴幼儿用语言描述其玩法、味道等。

> 保教人员借助积木玩具组织语言游戏：借助小动物形象、小火车等和婴幼儿玩玩模拟象声词的游戏；借助房子、建筑物等和婴幼儿玩方位词的游戏。可见，同一场景可以有多种不同的听说游戏的玩法。

▲ 图5-7　听说游戏材料

（四）不同年龄段婴幼儿听说游戏的形式与要求

婴幼儿在人生前三年的语言发展非常迅速，并且存在较大的个体差异，因此不同年龄段婴幼儿听说游戏的目标和内容有所侧重。但是其本质是相似的，并且并非完全严格地区分，保教人员要根据每个婴幼儿的语言发展能力选择适合的游戏形式。

1. 0—1岁婴儿的听说游戏

（1）目标定位：帮助婴儿学习辨别亲近的人的声音，听到自己的名字，能有目光寻找声源、转头寻找声源等动作反应；听到简单的词和指令，能用表情、动作、语音等做出相应的反应（如指认五官、打招呼和说再见等）。

（2）游戏形式。

① 辨认图片。利用简单的童书、绘本，引导婴儿认识常用的物品名称与身体部位。保教人员与婴儿对话时，说话速度要尽量放慢，语调起伏丰富一点，并可搭配夸张的表情与肢体动作，吸引婴儿目光，让他们对语音与物品产生联想和记忆。

② 儿歌、歌谣、歌曲。保教人员可以选择旋律轻快、简单的儿歌、歌谣、歌曲等，也可以自编儿歌等增加与婴儿的互动，还可以替换歌词，如把关键词改成婴儿的名字，并且让婴儿在唱到自己名字时指自己。例如，把"小兔乖乖，把门开开"改为"某某乖乖，把门开开"。

2. 1—2 岁婴幼儿的听说游戏

（1）目标定位：能模仿成人的单词或短句；能称呼身边的人；能用单词句表达自己的需求。2 岁的婴幼儿能用简单句（双词句）表达自己的需求，能说出自己的名字。

（2）游戏形式。

① 介绍生活事件与物品。保教人员以一日生活为内容，通过语言的方式为婴幼儿介绍生活中的各个细节，在做动作的时候顺便讲解给婴幼儿听。如换尿布、丢垃圾、吃饭、洗手等每天都会遇到的生活细节，保教人员都可以边做边解释，让婴幼儿通过反复聆听来加深印象。

② 找一找，说一说。保教人员可摆出 3—5 个生活用品或玩具，说出他们的名称，让婴幼儿指认物品并拿起。待婴幼儿熟悉物品名称后，保教人员还可以描述物品的颜色、形状、作用、特征等，让婴幼儿自己选出物品，并且模拟使用该物品。例如，摆出茶杯、娃娃、小汽车玩具等，当婴幼儿成功辨认出某个玩具后，可以让他们玩一会儿该玩具，从而增强婴幼儿参与游戏的积极性。

▲ 图 5-8 宝宝猜一猜说的是哪种水果

3. 2—3 岁婴幼儿的听说游戏

（1）目标定位：鼓励婴幼儿学说普通话，大胆表达自己的需求，理解并乐意执行成人简单的语言指令，尝试讲述简单的事情，大胆念儿歌、尝试跟读跟讲故事。

（2）游戏形式。

① 学声音。保教人员可以通过场景模拟或者音频播放各种声响，让婴幼儿在感知不同声音的同时，学习人物的对话。例如，保教人员模拟敲门声，展开对话，让婴幼儿学会日常对话。

② 传话游戏。在空旷房间内，2 名保教人员各站一边，让婴幼儿在中间传话。如在婴幼儿耳朵边悄悄地说："我想吃糖果。"让婴幼儿传话给另一个人。如果婴幼儿的答案正确，可及时给予表扬。待婴幼儿熟悉游戏后，保教人员可适时变化句子长度与丰富性，增加游戏的复杂度。

③ 看动作说话。保教人员可以做刷牙、洗脸等动作，让婴幼儿猜一猜，并说出完整的一句话。看动作说话，也可以是让婴幼儿做动作，由保教人员说句子。

（五）听说游戏的保教要点

1. 创设情境

在听说游戏刚开始时，保教人员需要运用一些手段去设计游戏的情境。如用物品、用动作或用语言创设游戏情境，营造听说游戏的氛围，引发婴幼儿参与游戏的兴趣。

2. 材料准备

物品、材料的准备能直观地体现听说游戏的氛围，调动婴幼儿参与游戏的兴趣。因此，材料需生动、形象，以实物为佳，这样能引起婴幼儿的注意力。以活动"拇指小人"为例，物品、材料的准备为彩纸做的大、小拇指套各一只。

3. 语言规范

保教人员的语言要规范，应使用普通话，引导的内容应形象、生动、夸张，形式可以是儿歌、童谣等。例如，在活动"拇指小人"中，保教人员一边念儿歌一边帮助婴幼儿做动作，"小拳头里静悄悄，拇指小人藏猫猫。小人小人快出来，出来吓你一大跳"。

4. 个别指导

在游戏过程中，当婴幼儿出现错误时，保教人员不要急于去纠正，不要打断他的话，更不要重复他错误的说法，要耐心引导婴幼儿把话说完，给他提供正确的说法。否则，可能会打击婴幼儿的积极性和自信心，造成语言发展的真正障碍。

5. 信息技术

保教人员既可以自己口述、模拟不同的声音信号，还可以提供儿歌、故事等音频，播放给婴幼儿听，但是要注意选择背景音乐简单或者几乎没有背景的声音来源，以免对婴幼儿造成干扰。尽管婴幼儿尚不能理解语言的意思，但是儿歌明快的节奏、相似音节的押韵等，有助于他们感受语言的韵律和变化。

6. 时间安排

保教人员在组织听说游戏时要注意把握时间，以 3—5 分钟为宜，并且要控制声音来源与婴幼儿耳朵之间的距离，音量不宜过大。听说游戏还需要保教人员进行多次示范，如果婴幼儿无法准确模仿发音，保教人员也不要给予负面评价或者提出过高的要求，而是应该把目标放在婴幼儿对听说游戏的积极参与、做出回应上。

7.动作稳定

保教人员肢体动作要相对稳定，这有助于婴幼儿理解语言和动作之间的关系。如果保教人员总是更换动作或者用不同的手势，就容易造成婴幼儿认识上的混淆。

保教人员可以借助一些材料培养婴幼儿的听说能力，如摇铃、风铃、玩具电话、生活中人和物品的照片、故事机等。在使用材料的过程中，保教人员要注意引发婴幼儿愉快的情绪情感体验，让婴幼儿喜欢说、愿意说、耐心听、专注听。保教人员还可以适当重复婴幼儿的部分词汇、发音，起到积极互动和巩固正确发音的作用，让婴幼儿感受到来自成人的支持和鼓励。

二、早期阅读类游戏的组织与实施

早期阅读类游戏本质上是阅读活动，教育性较强，游戏性相对偏弱，但是由于0—3岁婴幼儿是在翻翻、玩玩、说说、做做的过程中阅读的，因此其表现形式具有游戏性的特征。保教人员在使用阅读材料时，也视其为类似于玩具的载体，因此，也体现了游戏的特点。

游戏视频
自制可说可操作
的语言游戏书

婴幼儿图书大部分由图片构成，便于婴幼儿从图片中理解图书的内容。婴幼儿能否从图书中体会到快乐，将影响未来的阅读兴趣，因此，婴幼儿的早期阅读离不开图书。

（一）图片和图书对婴幼儿语言发展的意义

图片和图书的阅读能够帮助婴幼儿掌握新词，扩大词汇量，促进婴幼儿阅读兴趣，提高阅读能力。婴幼儿在阅读过程中做到视觉神经中枢与言语神经中枢相协调，在输入形象信息的同时处理形象信息，达到感受分析画面内容、认识了解客观事物的目的。

图片和图书有助于婴幼儿大脑的发育和成熟。图书中的角色形象直接影响着婴幼儿的阅读理解。他们喜欢既卡通而又不太失真的、拟人化的动物形象，这些色彩鲜艳的形象不仅给婴幼儿一种亲近感，还可以让婴幼儿从卡通动物"手""脚"的各种不同形态中很好地理解图书内容，而且符合婴幼儿在感知事物时只看表面现象、只凭感性和直觉进行认识活动的直观形象思维特点。

图书中的内容会影响婴幼儿阅读的兴趣和理解。童话故事，尤其是动物故事图书是婴幼儿最喜欢和集中注意时间较长的图书，这些以简短句子为主的、有简单情节的故事书，容易被他们理解。婴幼儿还不能很好地把自己与外界事物分开，因而那些能"再现"婴幼儿生活的图书能引起他们的共鸣。

图书中的语言对婴幼儿阅读理解有直接的影

▲ 图5-9 宝宝喜欢看书

响。动作性强的、有重复句子的、有朗朗上口儿歌的图书都很受婴幼儿的欢迎。在阅读时，婴幼儿喜欢同时做出各种简单的动作，跟着念书上的儿歌和故事。

（二）早期阅读类游戏组织与实施的注意事项

根据不同的年龄阶段特点，保教人员在组织与实施早期阅读类游戏时，对图片和图书的呈现方式应有所差异。

▲ 图5-10　自制图画书封面

▲ 图5-11　自制图画书内页

　　婴幼儿对全家福、一家人的话题感兴趣，为此，保教人员自制了不同方向翻页的图画书，打开每一页都有惊喜，培养婴幼儿的阅读兴趣。

1. 0—1岁

1岁以内的婴儿处于吃书撕纸的阶段，保教人员应选择布书，其内容以认知为主。另外，由于婴儿的皮肤柔嫩，因此保教人员要选择纸张柔韧、版面大且色彩鲜艳明亮的书。如选择每页一句话、造型简洁、内容准确的书，可以是认识颜色、大小、形状等，或者选择只有1—2个简单有趣的小故事书，其目的在于促进婴儿视觉能力、认知能力的发展。

布书、厚卡纸的书都适合1岁以内的婴儿，尽管这一阶段以保教人员的说或念为主，但是只要婴儿存在目光追随、专注观察等表现，可以判断为婴儿积极投入和参与了阅读游戏。

2. 1—2岁

这一阶段的书仍以图为主，画面可以复杂一些，但造型一定要准确，否则容易误导婴幼儿，造成错误的第一印象。图书的内容可以是日常事物、物品和一些简单的自然现象的分辨，其目的在于引导婴幼儿多看一些色彩明快并配有短句或词汇的图书，丰富他们的词汇，同时开阔他们的视野。

保教人员还可以根据婴幼儿的兴趣、需要自制一些操作性图画书。例如，拍摄四季典型花朵的照片，粘贴在台历上，做成可以翻动的图画书，再配上优美的语句"春天来了，桃花开了；夏天来了，荷花开了；秋天来了，菊花开了；冬天来了，梅花开了"。这种贴合婴幼儿生活经验的阅读材料，也是开展游戏活动的良好载体。

▲ 图 5-12 季节书 1

▲ 图 5-13 季节书 2

> 保教人员用真实的照片做成了季节书，便于婴幼儿翻阅、观察、讲述。

3. 2—3 岁

这一阶段选择的读物语言内容可更丰富，页面可更复杂，画面也可以抽象一些。2—3岁的婴幼儿已基本上掌握事物的主要特征，不再容易被误导，对略微抽象的画面还可以增强想象力，丰富语言表达方式。

保教人员可参考的活动组织方式有：利用木偶和道具表演故事内容，如用头饰、手偶、玩偶等说故事中的对话；使用故事卡片排顺序，按照顺序讲述故事；准备一些婴幼儿生活的照片，看图讲述，或者做成一本宝宝生活的书籍，然后供婴幼儿讲述。

保教人员在组织活动时要善于利用提问，帮助婴幼儿理解内容，提问的类型有指认式提问、判断式提问、开放式提问等。

▲ 图 5-14 早期阅读游戏

• 游戏现场 •

　　曹老师结合绘本为托大班的婴幼儿制作了《好饿的毛毛虫》的操作材料与有洞洞的各类食物卡片，还用绳子制作了一个可以钻来钻去的毛毛虫。这样除了和宝宝们讲绘本故事之外，曹老师还可以结合语句进行语言游戏。曹老师说："我是毛毛虫，我肚子好饿呀，你们有什么好吃的吗？"宝宝们说："请你吃苹果，啊呜啊呜吃苹果。"一边说一边把毛毛虫穿到苹果的洞洞上。这些操作材料，曹老师制作了很多份，能满足15个宝宝的游戏需要。

三、其他语言表达游戏

　　除了上述两种主要语言游戏，还有一些有助于婴幼儿语言表达的游戏，比较有代表性的是角色游戏和涂鸦游戏。

（一）角色游戏

　　0—3岁婴幼儿在角色游戏中可以模仿小动物、爸爸妈妈、身边熟悉的角色，在角色扮演过程中融入大量的对话、词语、语音等。例如，玩"小动物叫"的游戏，请宝宝们扮演不同的小动物，请到某个动物时，引导宝宝发出拟声词；玩"打电话"的游戏，请一名宝宝扮演妈妈，和另一个宝宝进行简单的应答游戏；玩"消防员"的游戏，请几名宝宝扮演消防员叔叔，大家一起灭火，一边灭火一边说"哗啦啦，灭火啦！"在角色游戏中，保教人员要有培养婴幼儿语音、语义的意识。

▲ 图5-15　母亲节涂鸦

（二）涂鸦游戏

　　涂鸦游戏是指让婴幼儿利用不同的书写工具随意涂画书写。保教人员用大白纸、黑板、白板等创设一块可供婴幼儿大面积涂鸦的空间，可以让他们用彩笔、油画棒、粗粉笔等便于抓握的材料进行涂鸦。例如，保教人员请宝宝模拟小蚂蚁爬呀爬，一边高高低低地涂鸦，一边说"小蚂蚁爬到山上了，小蚂蚁爬到坑里了"，配合肢体动作的起伏，用不同的语句进行表示。

游戏视频
小手小脚涂鸦游戏

四、组织和实施语言游戏的提示

（一）营造语言环境

在组织和实施语言游戏时，保教人员要注重语言环境的营造，一方面投放丰富的图书、操作材料等物质环境，另一方面要营造听语言、用语言的心理环境。保教人员既可以创设专门的说说玩玩活动区，也可以设计图书绘本阅读区；既可购买安全适合的图画书，也可以用各类图片、照片自制可供婴幼儿翻阅、观察、说说讲讲的自制图书。

（二）提升语言表达

保教人员要有扩展婴幼儿词汇和语言的意识，要时刻注意语言表达的准确性、优美性，丰富婴幼儿的词汇。保教人员还要善于利用经典的作品，通过讲述、播放、共读的形式，让婴幼儿听到正确的语言表达，涵养婴幼儿的语言素养。保教人员也要注重使用开放式问题，鼓励婴幼儿自己说一说，多与成人、同伴进行语言对话。

保教人员结合《小蝌蚪找妈妈》的故事，用螺丝螺母玩具、钙塑板自制了可以旋转的讲述材料，引发婴幼儿表达和讲述的愿望。婴幼儿可以一边转动转盘，一边说："小蝌蚪遇到了小鸭子，问小鸭子，你是我们的妈妈吗……"

▲ 图5-16　《小蝌蚪找妈妈》

保教人员在玩具柜的面板上自制了小池塘的场景，通过可以翻动的荷花、贝壳等元素，引发婴幼儿讲述"小青蛙的妈妈在这里吗""小青蛙的妈妈不在这里"等内容。

▲ 图5-17　小池塘

🔍 内容小结

　　本章按照年龄阶段的划分，阐述了 0—1 岁、1—2 岁、2—3 岁婴幼儿语言发展的特点及其对游戏设计与组织的启示，结合案例说明了不同年龄阶段的语言游戏特点。在此基础上，分别阐述了组织和实施听说游戏、早期阅读类游戏、角色游戏、涂鸦游戏的要点。最后，提出保教人员要有支持婴幼儿表达的意识，善于利用多种材料和媒介促进婴幼儿的语言发展。

☰ 课后练习

　　1. 为 0—1 岁的宝宝设计一个听说游戏。

　　2. 为 1—2 岁的宝宝设计一个融合了语言发展的角色游戏。

　　3. 为 2—3 岁的宝宝设计一个早期阅读类游戏。

　　4. 结合 2—3 岁婴幼儿的特点，阐述如何创设有助于语言发展的游戏环境。

✖ 实训任务

　　结合实习见习班级婴幼儿的情况，设计并实施一个语言游戏，对游戏中婴幼儿的表现进行记录和分析。

第六章 | 婴幼儿认知游戏

 学习目标

1. 掌握婴幼儿认知发展的内容和特点。

2. 掌握婴幼儿认知游戏的价值和意义。

3. 能设计和陪伴婴幼儿玩分类、配对、排序和数数的游戏。

4. 掌握婴幼儿艺术表现的发展特点。

5. 能设计和陪伴婴幼儿玩艺术表现类游戏。

第一节　婴幼儿认知游戏概述

本节概览

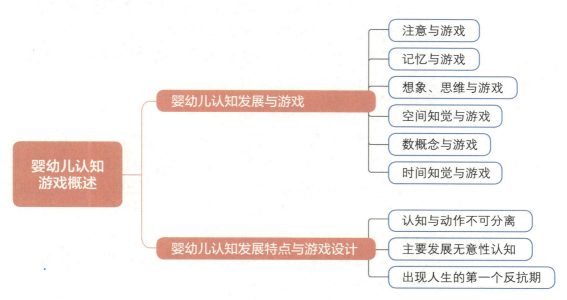

案例导入

高大上的游戏需要很昂贵的材料吗

乐乐2岁了，乐乐妈妈在给乐乐选择托育机构的时候，感到很困惑。有的机构大家都说好，但是在那里没有看到什么特别高大上和亮眼的设施设备，反而是绿树成荫的院子、木质的桌椅，看着很普通。于是，抱着试试看的心情，乐乐妈妈带乐乐去上了一节认知体验课，也就是认知游戏。只见老师拿出两个桶，里面都装了水，让宝宝猜一猜，把小鸭子、小皮球、积木、小汽车放在水里会发生什么。乐乐玩得很开心，把小玩具全都放进水里，发现有的漂着，有的沉下去了。乐乐一会儿把小玩具拿出来，一会儿又将小玩具压下去。过了一会儿，老师给乐乐擦干手，和乐乐聊了起来，启发乐乐说出自己的感受，乐乐说："小鸭子压不下去，积木沉下去啦。"乐乐妈妈明白了，促进宝宝认知发展的游戏材料不一定都是又贵又好看的，真正重要的是保教人员的游戏设计及与宝宝的互动。

阅读上述案例，讨论：游戏对婴幼儿认知发展起到了什么作用，游戏是怎样促进婴幼儿的认知发展的？婴幼儿在游戏的气氛中与环境和周围的人相互作用，对各类材料、人物产生联想，在游戏中操作材料，注意到物体之间的相似性或差异性，逐渐建构出各种概念、关系。

一、婴幼儿认知发展与游戏

婴幼儿出生后即开始认识世界，3 岁前是认知发展的最早阶段。0—3 岁婴幼儿主要处于感知运动阶段和前运动阶段初期，因此大部分的认知游戏都需要婴幼儿进行操作和摆弄。婴幼儿对世界的认识，是从感知觉开始的。一般来说，婴幼儿到 1 岁半左右，才出现想象和最初的思维；2 岁的婴幼儿才有完整的认知过程。

（一）注意与游戏

婴儿在出生后 2—3 周左右便产生了注意。婴儿的注意表现为感觉器官对外界事物的指向活动捕捉行为，包括：注视、倾听、嗅等；扫视、追踪声源、目光追随、辨别、寻找某些刺激物的主动搜寻过程；以及有警觉行为。婴儿的注意具有不稳定性、偏好性、短时性的特征。

注意类游戏举例如下：

（1）寻找声源的游戏。保教人员手持会发出声音的玩具，在婴幼儿的不同方向制造声音，观察婴幼儿的反应，看他们是否能主动寻找声源。

（2）寻找影子的游戏。保教人员在晴天借助物品在地面、墙面投射出物体的影子，引导婴幼儿观察。

（3）追踪小金鱼。保教人员可以在活动室中安装鱼缸，饲养小金鱼等，引导婴幼儿观察，使他们用目光追踪小金鱼的运动，从而促进视觉注意的发展。

> **· 游戏现场 ·**
>
> 曹老师每天早晨在托育班（1.5—2.5 岁）观察婴幼儿的游戏操作情况，她发现，班里的 18 名宝宝在注意力上存在个体差异，每个宝宝进入游戏现场开展游戏活动的时间不同，并且在游戏材料的选择上存在偏好。
>
> 1. 注意力容易转移
>
> 刚刚小朋友：1 岁 11 个月，能平静和妈妈告别，然后似乎没有目的地在活动室内游走。忽然，他见到了曹老师创造的游戏情境：给娃娃夹夹子，于是玩了会儿。不一会儿，亮亮小朋友来了，他的一声问候吸引了刚刚，于是刚刚走到门口张望。可见，刚刚小朋友在游戏中注意力不稳定，容易转移。

2. 偏好性

晨晨小朋友（2 岁 2 个月）已经连续 2 个月都在"汽车城"游戏了，每天早晨入托后，就直接去汽车城玩小汽车。曹老师引导他去尝试其他游戏，却被晨晨拒绝了。可见，晨晨小朋友对汽车有明显的偏好。

3. 短时性

曹老师设计了一个游戏活动"好吃的大西瓜"，让宝宝们摸摸大西瓜、玩玩西瓜皮球。但是她发现，游戏到了 10 分钟左右的时候，孩子们已经有些"散"了，有的游离在活动之外，有的被花花草草吸引。可见，他们的注意力集中的时间较短，大概为 10—15 分钟。

（二）记忆与游戏

新生儿能够区别熟悉的声音和不熟悉的声音，这是最初记忆的表现。婴幼儿的记忆一般经历三个过程：感知——认识——再现。感知是婴幼儿首先对事物的外表获得初步的印象。认识是在感知的基础上，获得对事物特征及作用等方面的理解，从而在大脑里留下该事物的印记。再现就是对印记的事物能够回忆出来。婴幼儿的记忆具有无意性、趣味性、形象性、短时性、选择性、潜在性的特点。记忆类游戏主要是以婴幼儿认识某些物品为主。

记忆类游戏举例如下：

（1）猜猜在哪里。保教人员将小玩具放在一只手上，然后握拳，让婴幼儿猜一猜玩具在哪里。

（2）翻卡片。保教人员把 3—4 张水果卡片给婴幼儿看，然后把图片背面朝上，让婴幼儿指出哪张是苹果卡片。

（3）听口令取物。保教人员把不同大小、不同颜色的玩具或生活材料准备好，让婴幼儿按照要求取物，增强婴幼儿的记忆力。

（4）配对游戏。保教人员引导婴幼儿给袜子配对、找相同的图片、找同样颜色的物品等，这些都属于需要记忆力的游戏。

· 游戏现场 ·

曹老师在每天活动之后，都给自己一个小任务，记录下今天难忘的瞬间，并逐渐养成了专业成长的好习惯。

今天她发现婴幼儿在记忆方面具有以下特点。

1. 婴幼儿需要直观形象的教玩具辅助来帮助他们理解和记忆

曹老师设计了两个不同的游戏。第一个游戏是猜谜语游戏，让婴幼儿听听猜猜，"白白的外壳，黄黄的心，宝宝吃了身体好，猜一种食物"，曹老师发现只有 3 个宝宝回答出来了，其他宝宝似乎并未理解。第二个游戏是用白色、黄色的黏土揉圆、压平，然后叠放在一起，做成荷包蛋，做完之后，再提出猜谜语的游戏，这次基本上每个宝宝都能理解谜语的意思。可见，1.5—2.5 岁的婴幼儿需要直观形象的操作过程和教玩具辅助来帮助他们理解和记忆。

2. 婴幼儿的记忆具有选择性和潜在性

曹老师喜欢和宝宝们谈心、聊天，她发现有些宝宝对某些事物记忆特别清晰。如早晨入园时，青青妈妈对曹老师说："青青回家让我们买手指饼干，说吃了手指饼干就能变好玩的手指游戏。"曹老师对青青表示了肯定，她前一天确实介绍了好玩的手指游戏，原来青青每一次都能将与食物相关的事情记得特别清楚，这说明她的记忆具有一定的选择性。

曹老师每次讲完小故事之后，会提 2—3 个简单的小问题。她发现璐璐小朋友不太愿意在小组面前回应老师的提问，但是过了一段时间之后，再问起故事中的细节时，其他小朋友似乎遗忘了，璐璐却能够回答出来，这说明璐璐的记忆具有一定的潜在性，虽过了一段时间但依然能够记起。

（三）想象、思维与游戏

假装游戏是想象力发展的重要标志。婴幼儿到了 1.5—2 岁时，想象开始发生，这时出现最初的假装游戏。假装游戏越复杂，说明婴幼儿的想象力越丰富；相反，假装游戏越简单，说明婴幼儿的想象力就越贫乏。1 岁半以后，婴幼儿开始玩假装游戏。2 岁前，婴幼儿的假装游戏比较简单，大多是生活的简单重复。到了 2 岁，婴幼儿的假装游戏加入了一些比较复杂的内容，他们可能通过观察与思考，慢慢尝试概括自己或他人日常生活中的一些行为，再将这些行为加入到自己的假装游戏中去。2 岁以后，婴幼儿对周围发生的事物有了更多的理解，假装游戏也因此变得越来越复杂。

想象与思维游戏举例如下：

（1）打电话。婴幼儿会把任何物品当成电话，将它拿起来开始玩打电话的游戏。

（2）做饭游戏。婴幼儿会给玩具娃娃喂饭、拍娃娃、哄娃娃睡觉、洗菜、切菜、烧菜，放在盘子里，再将美食喂给娃娃吃。

思维是人类特有的认知活动，是大脑对客观现象的概括反应，包括概念形成、判断和推理。思维是智力发展的核心，是获得新知识的必经途径。在想象发展的同时，思维开始出现。婴幼儿有了最简单的概括和推理，如对因果关系的理解，可以转化为判断类游戏。例如，在"猜一猜"的游戏中，保教人员出示图片或演示某个动作，让婴幼儿猜一猜会发生什么，从而推理出可能发生的结果。这个游戏也有助于提高婴幼儿的自我保护意识，如出示婴幼儿在水边玩的图片，然后表演失足落水的情境，让婴幼儿推理出可能发生的危险，从而学会自我保护的基本常识。

（四）空间知觉与游戏

婴幼儿空间知觉能力的发展往往与身体位移有很大的关系，最初的爬行促进了婴幼儿空间知觉能力的发展。自主爬行可以使婴幼儿注意到移动过程中自身和周围环境相对位置的变化，增强婴幼儿在空间中的个人相对位置的判断力。因此，婴幼儿通过身体运动直接体验空间方位是很重要的。爬、走、跑等位移动作能发展和巩固婴幼儿的空间感知力与协调性。

1岁半—2岁的婴幼儿开始具备上下、前后的方位意识。一旦他能够区分里外时，便开始乐此不疲将一些容器的盖子打开又合拢，把容器里面的物品拿出来又放进去。婴幼儿需要通过这种反复练习和操作来巩固里外的空间概念，锻炼自己的手部肌肉，从而获得发展。这类游戏实质是婴幼儿在学习与理解里外的空间知识和能力的良好契机。

2岁半左右，婴幼儿空间概念的进步最快，他们会使用许多新的空间词汇，精准度也比以前高了很多。到了3岁，婴幼儿的方向感和空间感逐渐成熟。在发展过程中，婴幼儿多是先发展空间词汇，然后才慢慢了解其概念内容。

与空间方位有关的认知游戏比较多，举例如下：

游戏视频
第一次玩建构游戏

（1）建构游戏。搭积木、拼插玩具，以及抽纸、牛奶盒等日常生活用品，都有助于婴幼儿感知空间关系。在婴幼儿尚不会垒高的时候，保教人员可以把积木垒高，引导婴幼儿将其推倒，进而模仿垒高，多次反复后可逐渐学会玩建构游戏。

（2）翻找游戏。1岁半以后婴幼儿开始具备上下、前后的方位意识。当他能够区分里外时，保教人员可以准备不同的盒子、罐子等。婴幼儿乐于将容器的盖子打开、合拢，把容器里面的物品拿出来又放进去。为此，在日常生活中，保教人员可请婴幼儿一起整理物品，如让婴幼儿把玩具、衣物放进抽屉或柜子里。

（五）数概念与游戏

3岁前，婴幼儿数概念的发展一般分为以下三个阶段。

第一阶段，1岁左右的婴儿能对数量不多且差异较大的多与少或大与小做出笼统的认知，可优先选择出多的或大的那一方。

第二阶段，1岁半左右的婴幼儿，能在成人的教导下唱数并认识1—5甚至1—10的数字，犹如唱歌一般，但只是机械地吟唱数字的字音。若从中间打断，他们常常难以继续；若指定从某数开始，他们往往不能遵令而需自 1 数起。可见，婴幼儿并不理解所唱的数概念，更不清楚有关数序的知识。

　　第三阶段，2 岁左右的婴幼儿能在具体形象的支持下来理解数概念，将数字与现实中的一个实体对应起来，知道"这是一个人""这是一个苹果"等。

　　与数概念相关的游戏，举例如下：

　　（1）排队游戏。给婴幼儿 1—5 个小玩具，如小汽车、小玩偶、大纽扣玩具等，婴幼儿可以数一数有几个，也可以排排队，摆成一排，然后点数。

▲ 图 6-1　拼摆游戏 1

▲ 图 6-2　拼摆游戏 2

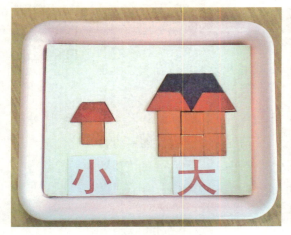

▲ 图 6-3　拼摆游戏 3

▲ 图 6-4　拼摆游戏 4

以上四幅图分别展示了用积木块一一对应进行拼摆的认知游戏。

（2）分东西游戏。结合生活场景，让婴幼儿一一对应，如分饼干、分餐具、分水果等。保教人员可以让婴幼儿根据游戏规则开展活动，如"给每个小动物一块饼干""拿两块饼干给小猴子"等。

（六）时间知觉与游戏

3岁前的婴幼儿刚开始接触时间词汇时，很难理解真正的含义，这是由时间的抽象性与婴幼儿感知时间经验的不足而引起的。婴幼儿很多时候会把从成人那里听到的时间词汇泛化，如他可能会用"昨天"概括过去，"明天"概括以后。婴幼儿将昨天扩大化，表示过去的某一天，这表明他从某种程度上理解了昨天是过去，但并不明白昨天是特指过去的前一天。因此，对3岁前的婴幼儿来说，能开展的相关游戏较少。大多数情况下，保教人员只能从词汇上对婴幼儿进行一些语言信息的"输入"。

▲ 图6-5 "小蝌蚪变青蛙"1 　　▲ 图6-6 "小蝌蚪变青蛙"2 　　▲ 图6-7 "小蝌蚪变青蛙"3

"小蝌蚪变青蛙"的游戏，体现了发展婴幼儿时间知觉的设计理念。保教人员通过三幅图生动形象地表现了小蝌蚪变青蛙的时间过程，并且将三幅图切割，让每一幅都做成可操作的拼板，使婴幼儿可以在操作中理解整体与部分的关系。

二、婴幼儿认知发展特点与游戏设计

0—3岁婴幼儿认知发展具有独特的年龄特点，主要体现在以下几方面。

（一）认知与动作不可分离

自出生至2岁左右，是认知发展的感知运动阶段。婴幼儿通过与周围环境的感觉运动接触，即通过他对周围环境中客体的行动和这些行动所产生的结果来认识世界。也就是说，婴幼儿仅靠感觉和知觉动作的手段来适应外部环境。

　　皮亚杰把 0—2 岁婴幼儿的感知—运动阶段细分为 6 个阶段：反射练习阶段（0—1 个月），动作习惯和知觉的形成阶段（1—4 或 4.5 个月），有目的的动作形成阶段（4 或 4.5—9 或 10 个月），范型之间、手段和目的之间的协调阶段（9 或 10—11 或 12 个月），感知运动智力阶段（11 或 12—18 个月），智力的综合阶段（18—24 个月）。

　　0—3 岁婴幼儿的各种活动并没有完全分化，认知活动和操作活动紧密相连，因此这为游戏活动的设计提供了科学基础。大部分婴幼儿的认知游戏主要是通过手部操作完成的。例如，拼图游戏、移动物品的游戏、搭建游戏等，有助于婴幼儿在动作中建立空间方位、整体与部分的概念。

　　在带有手柄的拼板游戏中，婴幼儿可以抓握，并且进行颜色感知和一一对应。

▲ 图6-8　拼板游戏

（二）主要发展无意性认知

　　在 0—3 岁，婴幼儿认知的发展主要体现在无意性方面。婴幼儿的注意，一般是无意性的注意。他们的注意是被动地受外界事物所吸引，而不是主动去注意某种事物。例如，婴幼儿的注意往往指向颜色鲜艳的东西，这是因为鲜艳的颜色刺激比较强烈，容易吸引婴幼儿的注意。婴幼儿记忆的发展，主要也是在无意记忆方面。鲜明的、具体形象的东西，更容易被婴幼儿记住。因此，保教人员在设计游戏时，要注意使用较大的形象，色彩也要鲜明，但不是颜色混乱或杂乱，要善于利用声音、嗅觉、视觉、触觉等感知觉引发婴幼儿的认知发展。

　　婴幼儿认知的无意性还表现在认知会受情绪的影响。当情绪愉快时，婴幼儿的认知活动效果更好；而当情绪不佳时，婴幼儿认知活动的效果较差。因此，保教人员应当在婴幼儿情绪平和愉悦时开展游戏活动。

▲ 图6-9 拼图1　　　　▲ 图6-10 拼图2

保教人员自制的拼图游戏形象鲜明，不杂乱，并且不小于20厘米×30厘米，这样便于婴幼儿操作和观察。

（三）出现人生的第一个反抗期

1岁前的婴幼儿是比较顺从的。1岁以后，婴幼儿开始有了自己的想法。例如，要他往东走，他偏要向西走。2岁左右，有时大人要抱他，他会挺着身体，挣扎着自己下地自己走路。这些都是独立性发生的表现，也表明婴幼儿已经有了自我意识。他常常会说"我自己（来）"，还会抢着做事，甚至是一些力所不能及的事情。

自我意识的发展，使婴幼儿的认知过程逐渐复杂化，认知能力进一步提高。高级的认知过程，如自信自卑、内疚、自我占有等，都与自我意识的发展有关。因此，保教人员设计的游戏要具有可操作性、活动性，要让婴幼儿自己操作、自己体验、自己尝试，否则会分散他们的注意力，使他们难以投入到预设的游戏活动中。

第二节　婴幼儿认知游戏的组织与实施

本节概览

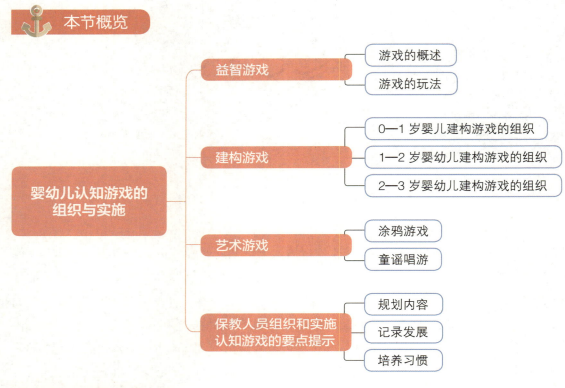

案例导入

趣味分饼干

乐乐进入了托育机构，曹老师拿了三个小箩筐给乐乐，箩筐上贴着方形、圆形、三角形的标记。曹老师让乐乐从玩具柜里拿了一个盒子，里面装有不同形状的"饼干卡片"。乐乐根据箩筐上的标记，把饼干分类。分完之后，曹老师让乐乐带着饼干去娃娃家给娃娃们喂饼干。

阅读上述案例，讨论：乐乐在这个游戏中获得了哪些认知发展经验，在其他方面又有哪些发展？在上一节，我们从心理学角度对婴幼儿认知游戏的内容进行了分类，本节将对托育机构中最常见的三类认知游戏进行阐述。这三类游戏分别是数学认知游戏、空间认知游戏、艺术认知游戏，也被称为益智游戏、建构游戏、艺术游戏。通过具体的婴幼儿认知游戏组织与实施案例，可帮助保教人员掌握陪伴婴幼儿游戏的基本方法和操作流程。

一、益智游戏

（一）游戏的概述

益智游戏是指发展婴幼儿逻辑思维和数学认知的游戏，大部分以操作材料为主。在益智游戏中，婴幼儿开始学习思考问题、解决问题。在益智游戏中，保教人员的角色是一对一引导、陪伴。如果婴幼儿较多的话，保教人员也可以结合小组讲解、示范的方式进行。

（二）游戏的玩法

保教人员可以准备的游戏材料有带有数字标记的玩具、物品。例如，数字积木、数字玩偶、数字卡片、柔软的立方体数字骰子等，这些游戏材料均能引起婴幼儿的注意、记忆。

保教人员利用螺丝玩具与底板做成汽车形象，可以引导婴幼儿进行形状、颜色匹配。

▲ 图6-11 匹配游戏

宝宝边玩边学，可以锻炼手部抓握动作和手眼协调能力。

▲ 图6-12 益智游戏

球类玩具也是常见的益智游戏材料，既可以让婴幼儿对应位置摆放球，也可以感知球的颜色、大小，还可以进行分类、排序。

好玩的毛绒球

曹老师给 1—2 岁的宝宝班准备了五颜六色的毛绒球，还准备了若干蛋托底座，让宝宝把毛绒球一对一地摆放到蛋托中。曹老师与不同的婴幼儿玩游戏时，游戏的玩法各不相同。

玩法一："宝宝，我们来当起重机，夹住毛球，送到家里去！"曹老师示范——对应摆放毛球。

玩法二："宝宝，我们需要一些红色的彩蛋。"曹老师请宝宝按颜色取物。

玩法三："宝宝，给我两个黄色的彩蛋，我要炒鸡蛋啦！"曹老师请宝宝按数取物。

可见，同样的游戏材料，不同的操作方式，所实现的认知发展是不同的。保教人员要基于婴幼儿的理解能力、认知水平，开展多层次、多样化的认知游戏。

▲ 图 6-13　串珠游戏 1

▲ 图 6-14　串珠游戏 2

串珠游戏可以让婴幼儿进行颜色认识，初步感知间隔规律，还可以锻炼他们手眼协调的精细动作。

• 游戏案例 •

智 力 宝 盒

1. 游戏功能

（1）感知形状的一一对应。

（2）听辨积木的声音，感知积木的掉落。

2. 适宜月龄

12—36 个月。

3. 游戏准备

类似图中的智力宝盒玩具。

▲ 图6-15 智力宝盒玩具

4. 组织方式

（1）保教人员和宝宝面对面，请宝宝拿一块积木。

（2）保教人员请宝宝把积木从相同形状的孔内塞进去。

（3）当听到咕咚一声时，保教人员及时鼓励和肯定宝宝。

5. 观察指导要点

（1）保教人员可以请宝宝用手指触摸盒子上镂空的边缘，感知形状。

（2）观察婴幼儿是否愿意参与游戏及跟保教人员互动。

（3）记录婴幼儿游戏的时间长度。

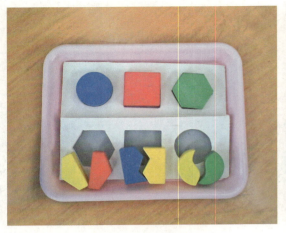

▲ 图 6-16　分饼干游戏 1

▲ 图 6-17　分饼干游戏 2

　　保教人员可以用分饼干的游戏情境与婴幼儿互动，如一个宝宝吃饼干、两个宝宝分饼干、三个宝宝分饼干。

▲ 图 6-18　七巧板

　　利用传统材料——七巧板来帮助 0—3 岁的婴幼儿感知颜色和图形。

　　保教人员在组织和实施益智游戏时，要注意用词的准确，多用一些跟数学逻辑思维相关的词汇，如"这个饼干更长 / 更短""这个球更大 / 更小""这盘饼干更多 / 更少"等，有助于增加婴幼儿的词汇量。

　　保教人员应当以情境性游戏的方式开展益智游戏，激发婴幼儿在操作中完成一一对应、感知数量、学习形状等。例如，在常见的实物拼图游戏中，保教人员可以创设农场场景，引导婴幼儿送小动物回家，实现一一对应和匹配的目的。

· 游戏案例 ·

拼 图 游 戏

1. 游戏功能

（1）体验游戏的快乐，认识不同的动物。

（2）能准确捏取拼图，旋转拼图——对应拼到相应位置。

2. 适宜月龄

12—36 个月。

3. 游戏准备

类似图中的有抓手的拼图玩具。

4. 组织方式

（1）保教人员唱歌导入："王老先生有块地……，有许多小动物，我们来认识一下吧！"请宝宝一一指认小动物的名称。

▲ 图 6-19　拼图玩具

（2）保教人员请宝宝把小动物一个一个送到相应的位置。

（3）等宝宝成功嵌入拼版后，保教人员及时鼓励和肯定宝宝。

5. 观察指导要点

（1）保教人员可以请宝宝用手指触摸动物的边缘，感知形状。

（2）观察婴幼儿是否愿意参与游戏及跟保教人员互动。

（3）记录婴幼儿游戏的时间长度。

二、建构游戏

建构游戏是有助于婴幼儿空间认知发展的游戏。随着玩具的丰富，适合婴幼儿进行建构、拼插的玩具有很多，如积木、磁力片、管子拼插玩具、雪花片等。

（一）0—1 岁婴儿建构游戏的组织

0—1 岁的婴儿，可能会表现为搬运、装满、倾倒的行为。因此，保教人员可以准备一些小碗、纸盒、纸杯、积木块等材料，鼓励婴儿不断地带着材料走来走去或者搬运不同的材料等，在与材料互动的过程中感受物体的重量、形状、大小、颜色等属性。

（二）1—2岁婴幼儿建构游戏的组织

对于1—2岁的婴幼儿，保教人员除了提供积木外，还可以增加一些辅助材料，用于丰富游戏的情节，如小动物、小汽车等。这样婴幼儿可以借助辅助材料展开想象力，赋予积木更多的意义。

保教人员还可以借助多样化材料，引导婴幼儿感知空间的存在，如用大小不同的套圈玩具让婴幼儿体验从下到上的空间关系。

（三）2—3岁婴幼儿建构游戏的组织

2—3岁的婴幼儿已经可以把积木堆成高塔或者排成一队，一边念念有词，一边操作。例如，宝宝会边说"小火车，呜呜呜，开车啦"，边推动积木小火车向前进。

随着游戏复杂性的增强，婴幼儿也开始尝试保持平衡、实现更多的功能，搭建出更符合自己需求的房子、城堡等。

· 游戏案例 ·

推　箱　子

1. 游戏功能

（1）锻炼婴幼儿的空间感知能力。

（2）愿意参与游戏，锻炼婴幼儿的身体。

2. 适宜月龄

24—36个月。

3. 游戏准备

纸盒1—2个。

4. 组织方式

（1）保教人员出示大大小小的箱子。

（2）保教人员请婴幼儿把箱子推到终点线。

（3）鼓励婴幼儿换一个箱子，继续游戏。

5. 观察指导要点

（1）保教人员可以观察婴幼儿在向前推、向后推等口令中的反应。

（2）观察婴幼儿是否愿意参与游戏及跟保教人员互动。

（3）记录婴幼儿游戏的时间长度。

在建构游戏中，保教人员保持与婴幼儿积极的情感互动。

▲ 图6-20　建构游戏

在建构游戏中，婴幼儿喜欢将自己的身体包围起来。保教人员参与婴幼儿的游戏，并与他积极互动。

▲ 图6-21　与宝宝互动

在建构游戏中，当搭建物的高度超过婴幼儿身体时，保教人员应给予及时协助。

▲ 图6-22　协助宝宝游戏

三、艺术游戏

艺术游戏对0—3岁婴幼儿的发展有十分重要的作用。婴幼儿在涂涂画画、揉揉捏捏、扭扭动动的游戏中，身体和手会越来越灵活，想象力和创造性也随之得到发展。艺术游戏主要包括涂鸦游戏和童谣唱游。

（一）涂鸦游戏

游戏视频
蔬菜拓印游戏

婴幼儿涂鸦不等于婴幼儿美术教育。婴幼儿涂鸦是一种动作方式、游戏方式、表达方式，它也许在某个时候可以发展成为儿童美术教育的一部分。但对于0—3岁的婴幼儿而言，涂鸦更多的是成长中的一种需要。涂鸦对婴幼儿的发展具有很多积极的意义。

1. 正确认识涂鸦游戏

涂鸦能满足婴幼儿手部活动的需要。涂鸦是婴幼儿学习手眼协调、指挥自己、控制动作的活动，也是婴幼儿学习控制生理的途径之一。同时，通过涂鸦"运动"，婴幼儿也开始了解自己的身体。

游戏视频
面孔画框游戏

涂鸦可满足婴幼儿对因果关系的好奇心与探索欲。在涂鸦过程中，婴幼儿会发现笔、颜料可以在纸上或者其他地方制造出运动轨迹。那一刻，婴幼儿会感到好奇、新鲜、冲动与兴奋。在小手涂涂、画画、抹抹的过程中，婴幼儿也在和蜡笔、画纸等材料充分互动，验证手握笔、手蘸颜料的运动可以留下痕迹这一现象。

涂鸦还是婴幼儿自我表达的一种途径。当婴幼儿的语言功能尚未发育完善、无法用语言表达时，涂鸦是他们表达自我、让别人理解自己的方式之一。婴幼儿可以在任何时间、任何地点，用自己喜欢的方式涂鸦，用最朴实的线条、最简单的色彩表达丰富的内心。涂鸦还可帮助婴幼儿获得愉悦的情绪体验和成功感。

2. 实施涂鸦游戏

保教人员首先要准备好物质环境和心理环境、适宜的服装、清洁用的抹布等，多利用生活用品，提供涂鸦材料。婴幼儿涂鸦用的纸要大一些，用的笔选择便于抓握的粗笔。对于3岁以内的婴幼儿来说，他们很容易被自己动作留下的"痕迹"所吸引，从而更投入地去运用和感受材料。如果保教人员可提供多种色彩，能够使婴幼儿在反复地玩色彩的过程中观察、感受、比对色彩的不同及色彩融合带来的变化。

每次活动开始时，保教人员提供材料不宜过多，避免婴幼儿在材料的选择与摆弄中一直自得其乐，不能进入涂鸦的过程。在涂鸦过程中，保教人员再不断增加材料，使婴幼儿涂鸦活动自然得以延续。

保教人员在必要时可以做些正确使用工具的方法示范。模仿是学习的重要途径之一，在婴幼儿反复试错后，保教人员适度地示范正确方法，能够帮助婴幼儿顺利克服困难，获得学习的愉悦感。

保教人员要用欣赏的眼光看待婴幼儿的行为和作品，不要用"像不像""对不对"等词来评价作品，不要用指导和教化的态度陪伴婴幼儿涂鸦。通常，成人在欣赏一件美术作品时会带有一定的标准和目的性，但是这些标准是不适宜婴幼儿的。婴幼儿的涂鸦作品本身就带有很大的随意性，尽管线条凌乱、色彩模糊混乱，但对于婴幼儿而言，这是他们最真实的自我表达。

保教人员要倾听和鼓励婴幼儿的自我表达。只要耐心地听婴幼儿自己讲述，保教人员就会发现这一幅幅涂鸦作品中蕴含的是他们对这个世界的认知过程。"听"画可以让保教人员了解婴幼儿丰富的内心世界，及时对婴幼儿予以鼓励与支持。

需要注意的是，涂色对3岁以内的婴幼儿是不合适的。婴幼儿的涂鸦应该是自由地、随意地活动，当婴幼儿还不能很好地控制手部动作时，涂色对他们来说是一件非常困难的事，与他们身心发展的规律也不相符。

▲ 图6-23　拓印

▲ 图6-24　装饰

保教人员在"小鸡出壳"涂鸦活动中融合了生活实物。宝宝们用海绵棒涂抹、拓印出小鸡的身体后，可以用稻草、蛋壳等进行装饰。

（二）童谣唱游

唱游是游戏化的音乐活动，通常也叫音乐游戏，具有游戏和类似游戏的特征。婴幼儿聆听音乐与歌曲，唱说童谣，在音乐陪伴下做各种有韵律性的肢体活动，甚至以音乐形式来自我表达。在这样的充满音乐元素的活动中，婴幼儿能把这些"音乐"和家人联系起来，或者把"音乐"作为一种美好、舒服的体验。

适合3岁以内婴幼儿的唱游活动是一种特别强调趣味性的音乐活动形式，其类型一般包括律动、音乐游戏等。由于婴幼儿的天性就是玩，所以唱游活动能带给婴幼儿一段充满欢笑、荡漾童音、舒展肢体、自我表现的快乐时光。

1. 童谣唱游的四种类型

（1）念唱。保教人员可以为婴幼儿念童谣，刺激婴幼儿听觉感知能力，从发出声音逐渐到运用自己的声音模仿发出童谣的旋律，有助于他们语言的发展。婴幼儿在听、说童谣的过程中，自然而然地练习发音、咬字、口腔形态，不断提升自己对声音的敏感度和控制力。

（2）欣赏。保教人员先在每天不同环节播放适合的音乐，用以调节婴幼儿的情绪，帮助婴幼儿放松或安静；再逐渐发展到婴幼儿能主动聆听与感受音乐的情绪。

（3）律动。保教人员边吟唱歌曲童谣，边做与节奏、歌词有关的肢体动作，这些内容在本书第四章婴幼儿运动游戏中已有阐述。

（4）敲打。保教人员引导婴幼儿聆听自然界的声音，或让婴幼儿敲击物品发出声音，如给婴幼儿鼓、鼓槌或铃等乐器让他们敲击，有助于发展婴幼儿的节奏感，并提高对乐器的认识、熟悉度。婴幼儿在乐器玩奏过程中容易获得动作体验的成功感。

2. 组织童谣唱游活动的要点

保教人员应该多帮助婴幼儿感受音乐。对于1岁以内的婴儿，保教人员可以抱着他们感受舞蹈和音乐的对应关系，通过随着音乐跳舞这样的互动，增进彼此间情感联系。对于1—3岁的婴幼儿，保教人员可以一起模仿边唱边说歌词内容。保教人员还可准备丰富的小乐器，如沙锤、音乐手鼓、铃鼓等，做敲敲打打的音乐活动，让婴幼儿体验各种乐器的区别，感知不同的音色、音调和音量，体会节奏的变化。

游戏解读

幸福拍手歌

曹老师选择了这首孩子们喜欢的歌曲《如果感到幸福你就拍拍手》，今天准备带他们一起律动。孩子们很快掌握了根据歌词做动作的游戏规则，一边模仿动作，一边哼唱。曹老师还变化了速度，让婴幼儿掌握节奏与身体动作之间的对应关系。

四、保教人员组织和实施认知游戏的要点提示

（一）规划内容

保教人员应充分规划认知游戏的内容，根据不同月龄、阶段婴幼儿的需求，适当更新

材料，给婴幼儿新的挑战和吸引，运用规范的语言和婴幼儿进行交流，尽量不直接告知结果，而是多让婴幼儿自己动手操作。

在观察蚕宝宝后，保教人员提供绿色卡纸当树叶，鼓励婴幼儿自己动手搓小球，做成"蚕宝宝"。

▲ 图6-25 做"蚕宝宝"

（二）记录发展

保教人员需要定期记录婴幼儿的认知发展水平，可通过拍照片、录视频、写文字等多种方式把典型事件记录下来，这样既可以评估婴幼儿是否得到了发展，还便于今后有针对性地开展不同的游戏。

托育机构当天的点心有煮鸡蛋，保教人员将蛋壳压碎，将纸三折，中间预留可以打开的部分，请宝宝们做粘贴画"小小蛋儿把门开"。

▲ 图6-26 蛋壳粘画

（三）培养习惯

保教人员要善于利用空间，培养婴幼儿养成良好的收纳习惯，如不随意堆放材料、每一种材料使用完毕之后都送回原处等。需要保教人员注意的是，除了平面之外，墙面和地面也是可以创设游戏环境的地方，如在地面铺上小地毯、在墙面安装拼插墙等。

内容小结

　　本章围绕认知发展的内容，阐述了认知发展与游戏设计与组织之间的关系，基于认知发展内容和特点，设计相应的不同类型的游戏。从实操的角度，阐述了益智游戏、建构游戏、艺术游戏的具体设计和组织方式，这些游戏有些是正式的活动，有些是在日常生活中随机开展的活动。

课后练习

　　1. 婴幼儿认知主要包括哪些内容？具体有什么表现？
　　2. 请以小组为单位设计 1 个认知游戏，并阐明其发展价值。
　　3. 保教人员在组织和实施婴幼儿认知游戏时有哪些注意要点？

实训任务

　　结合见实习所在机构的情况，为婴幼儿设计 1—2 个认知游戏，并通过视频记录婴幼儿的游戏情况，小组进行分析讨论。

第七章　婴幼儿社会性游戏

 学习目标

1. 了解婴幼儿社会性发展的特点与表现。

2. 理解社会性游戏对婴幼儿发展的作用。

3. 能组织和陪伴婴幼儿开展有助于社会性发展的游戏。

4. 能根据婴幼儿的需要创设有助于社会性发展的游戏情境。

第一节　婴幼儿社会性游戏概述

 **本节概览**

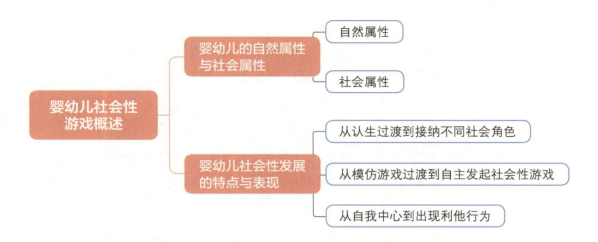

 **案例导入**

不 不 不

　　2 岁的刚刚来到了托育机构，但是他对汪老师很依恋，寸步不离。到了汪老师吃午饭的时间了，刚刚依然缠着汪老师。曹老师走到他身边，友好地跟刚刚打招呼："刚刚，我是曹老师，我们来认识一下好吗？"刚刚看了一眼，扭过头去说："不要。"曹老师继续尝试："我可喜欢你了，我们握握手好吗？"刚刚一边靠近汪老师，一边说："不要。"曹老师又说："让汪老师去吃饭，我来陪你玩一会儿好吗？"刚刚着急地说："不不不，不要。"

　　阅读上述案例，讨论：刚刚和汪老师有依恋关系吗？为什么他会拒绝曹老师呢？如果你遇到这种情况应该怎么办？其实 2 岁的婴幼儿有较强的自我意识，已经认识到自己是独立的个体，因此在人际交往、社会互动过程中也会表现出很有自己的想法。本节我们就围绕婴幼儿的社会性发展、社会性游戏进行探讨。

一、婴幼儿的自然属性与社会属性

婴幼儿从出生开始，就与外界进行社会性交往和互动，尽管早期在家庭中以成人发起的社会性互动为主，但是婴幼儿作为社会性互动的主体，在日复一日的成长中逐渐实现其社会化的过程。婴幼儿不能脱离社会而生存，婴幼儿也是社会的一员，会逐渐表现出社会发展的属性。

（一）自然属性

婴幼儿的自然属性也叫生物性，是人类在进化中形成的特性，主要包括人的物质组织结构、生理结构，以及万千年来与自然界交往的过程中形成的基本特性，体现为自然本能，如食欲、自我保护的需要、排泄的需要等。

（二）社会属性

婴幼儿的社会属性是人作为集体活动的个体及作为社会的一员而表现出的特性。社会属性中有一部分是对人类整体发展有利的基本形式，即社会性，如利他性、服从性、依赖性、自觉性等；也有对社会不利的性质，即反社会性，如损害公众、危害社会、残害动物等。

婴幼儿的自然属性是与生俱来的，社会属性是后天形成和培养的。0—3 岁是婴幼儿从自然人、生物人过渡到社会人的初始阶段。在这个阶段，婴幼儿的社会性发展的水平不断提高，社会适应性也逐渐加强。

拓展阅读

心理学家研究发现，婴幼儿在 18—24 个月出现合作行为，产生了合作性游戏。婴幼儿在 18 个月大的时候也会出现亲社会行为，对他人表示关心和安慰，甚至还想帮助家人做家务。

摘自：冯夏婷.透视 0—3 岁婴幼儿心理世界：给教师和家长的心理学建议[M].北京：中国轻工业出版社，2016.

二、婴幼儿社会性发展的特点与表现

（一）从认生过渡到接纳不同社会角色

在本书第三章，我们提到了保教人员要与婴幼儿建立依恋关系，是婴幼儿社会性发展的重要表现。依恋关系建立离不开认生与害羞的阶段。其中，认生是婴幼儿自我意识的萌芽，是每个婴幼儿都会经历的发展阶段，意味着他们能够识别主要抚养人，与他们建立信任、安全的关系，从而产生了依恋关系。认生通常出现在 6 个月左右。随着月龄增加，每个婴幼儿的认生表现各不相同，有的婴幼儿认生的反应会有所减轻，有的则会一直持续并且有不同的表现形式。例如，在一个新的游戏环境，保教人员呼唤婴幼儿开展游戏，有的婴幼儿表现出退缩行为，不参与其他人的活动，在一旁观望；有的婴幼儿则很快被保教人员所吸引，积极参与游戏活动。

2—3 岁托大班的宝宝们正在开展"体检"游戏，几个宝宝扮演保健医生，用拼插玩具自制小尺子，给"病人"做检查。

▲ 图 7-1 "体检"游戏

在婴幼儿接纳不同社会角色的过程中，保教人员和父母的教养态度非常重要。保教人员和父母如果什么事情都要求完美，会导致婴幼儿胆怯、畏惧、害羞；如果过度保护，也会让婴幼儿没有独立性和勇气去面对陌生的人，无法处理焦虑的情绪，害怕与人交往，久而久之会形成自卑、懦弱的性格，阻碍社会性发展。相反，如果保教人员和父母经常鼓励婴幼儿接触不同的人，扩展婴幼儿的生活范围、游戏场地，那么他们就会有更多的表现机会，能得到更多的来自外界的关注、鼓励、赞美等。在这种情况下，婴幼儿就会觉得自己是被接纳的、被肯定的、被喜爱的，在内心安全的环境下，接纳不同的社会角色。

几个宝宝一起整理桑叶，有的把桑叶铺在托盘上并放上蚕宝宝，有的把桑叶放到筐子里。

▲ 图 7-2 整理桑叶

宝宝们认真观察蚕宝宝是否变成了蚕蛹，互相说着自己的想法。

▲ 图7-3　引导幼儿一起游戏

（二）从模仿游戏过渡到自主发起社会性游戏

模仿是婴幼儿最初学习社会行为的主要方式。婴幼儿通过模仿了解不同社会角色的语言、动作、行为，慢慢习得更多的社会知识、社会交往技能，尝试解决人际冲突，处理各种存在的情绪。模仿能力的强弱也能体现出婴幼儿心智发展的不同水平。3—4个月的婴儿就开始模仿成人的动作，与抚养者建立良好的互动关系。2—3岁左右的婴幼儿会开始进行模仿游戏，出现大量的模仿行为，并且沉浸其中，自得其乐。家长会发现婴幼儿在家模仿保教人员的行为，保教人员也会发现婴幼儿在托育机构模仿家长的言行举止。

婴幼儿最初的模仿是简单的、片段式的基本动作，如部分语言、律动等。但是，随着婴幼儿自主意识的萌发，他们也会主动发起社会性游戏。例如，他们会基于生活经验，跟保教人员、家长玩扮演送快递的游戏，自己当送货员跑来跑去送东西，并且说几句话，这些都体现出了社会性角色游戏的萌芽。

▲ 图7-4　发起社会性游戏——商量一起玩"蓝色星球"　　▲ 图7-5　发起社会性游戏——假装大家住在山洞里

（三）从自我中心到出现利他行为

婴幼儿在社会性发展方面有明显的自我中心特点，尤其是到 2 岁左右，出现了第一反抗期。婴幼儿经常把"不要""我来""自己来"挂在嘴边，对成人不让做的事情反而很想尝试，在游戏中也表现出主动性、重复性，想多次玩自己喜欢的游戏，或者玩游戏时如果受到挫折就感到懊恼，有时会发脾气或者停止游戏，这些都是婴幼儿自我中心的心理特征的表现。保教人员在遇到这样的情况时，既不能强硬阻止，也不能纵容，否则

▲ 图 7-6　利他行为 —— 帮同伴拉开帐篷门帘

会引起婴幼儿更强烈的逆反，而是应该有技巧地通过游戏转移注意力或者多用正面交流、鼓励的方式，引导婴幼儿接纳自己的情绪，逐渐恢复平静。

自我中心的特点与利他社会交往行为是交织并存的，婴儿从出生到 6 个月就表现出微笑、眨眼等友好行为。1—2 岁的婴幼儿能听从成人简单的要求，能理解简单的游戏规则，能主动帮助保教人员、家长做事。2—3 岁的婴幼儿利他行为就更明显了，愿意帮助别人，也能用语言表达帮助别人的意愿，对于游戏情节会表现出共情，如听故事时会同情受伤的小兔子。

第二节 婴幼儿社会性游戏的组织与实施

本节概览

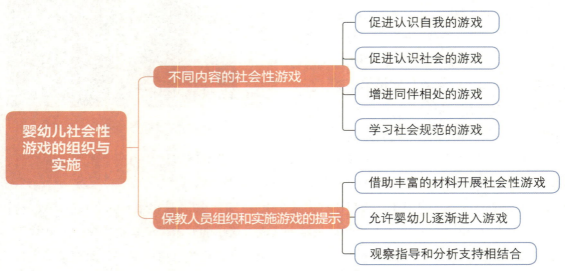

婴幼儿社会性游戏的组织与实施
- 不同内容的社会性游戏
  - 促进认识自我的游戏
  - 促进认识社会的游戏
  - 增进同伴相处的游戏
  - 学习社会规范的游戏
- 保教人员组织和实施游戏的提示
  - 借助丰富的材料开展社会性游戏
  - 允许婴幼儿逐渐进入游戏
  - 观察指导和分析支持相结合

📁 案例导入

这里真好玩

丁老师在教室里创设了一个小厨房游戏环境。当看到几个孩子在厨房里忙前忙后，瑶瑶十分羡慕地看着他们。丁老师请她也加入游戏，瑶瑶走进小厨房，一会儿给宝宝"煮鸡蛋"，一会儿帮"大厨""切切菜"，一会儿给客人"拉拉面"，一会儿把餐具摆在餐桌上，玩得不亦乐乎。第二天，瑶瑶妈妈跟丁老师说："瑶瑶昨天回家后很开心，说她跟好多小朋友一起做大餐、吃大餐！"

阅读上述案例，请思考：为什么瑶瑶想参与小厨房的游戏？她跟同伴互动过程中有哪些体验？这样的游戏在社会性发展上有什么价值？托育专业的学生或保教人员要学会组织和实施社会性游戏，促进婴幼儿的社会性发展。本节我们将探讨如何组织和实施不同内容的社会性游戏。

一、不同内容的社会性游戏

婴幼儿社会性的发展，主要表现在生活和游戏中，与同伴交往、与成人互动。也就是说，有助于社会性发展的游戏离不开人际互动，包括语言的互动、肢体的互动、行为的互动、情感的互动等。只有通过多样的人际交往互动才能让婴幼儿的能力、优势、兴趣、喜好充分显露出来，才能使他们自由地想象和创造，从而获得身体的发展、心理的满足，获得各种知识和技能。

社会性游戏主要包括以下几方面内容。

（一）促进认识自我的游戏

心理学研究表明，婴幼儿在1岁以前尚不能完全把自己与周围的事物区分开来，即主客体尚未区分，表现为在照镜子的时候会亲吻触碰镜子中的自己。随着他们的逐渐成长，才能将镜中的影像与真实的自己区分开来。

📖 **拓展阅读**

5—8个月时，婴儿会表现出对镜像的兴趣，当镜中出现某一形象时，他们可能会注视它、接近它、抚摸它、对它微笑，并咿呀作语，但这些行为表现说明婴幼儿并未认识到镜子中的形象是自己，以及自己是独立存在的个体。9—12个月时，婴幼儿显示出了对自己作为活动主体的认识，表现为他们认识到了自己是镜像动作的发出者。1岁半—2岁时，婴幼儿能认识到自己是一个独立的人，知道自己是自己、别人是别人，把自己当成一个独立的个体来看待。在镜像实验中，这个年龄段的婴幼儿在照镜子时能直接指出自己鼻子上的红点。

摘自：郭力平，吴龙英.早期教育环境创设［M］.上海：华东师范大学出版社，2019.

帮助婴幼儿认识和感知自己的存在是非常有必要的。保教人员可以开展相应的游戏，帮助婴幼儿认识到身体的各个部分都是属于自己的，以初步建立自我概念。因此，保教人员可以准备许多跟身体相关的小游戏。这类游戏的内容主要有认识自己的身体，对自我存在的感知，建立自我肯定的意识，认识到自己很能干等。例如，事先准备一些以感知五官、四肢为素材的小儿歌，保教人员可以带着婴幼儿一边说儿歌一边做动作，如玩手指游戏。

·游戏案例·

五个手指头

1. 游戏功能

（1）认识自己的身体部位，增强手指灵活性。

（2）增强和保教人员的社会互动，增进婴幼儿的社会认知。

2. 适宜月龄

18—36个月。

3. 游戏准备

选择适合的地垫，保教人员和婴幼儿面对面而坐。

4. 组织方式

（1）边说儿歌，边伸出手指做动作，引导婴幼儿模仿。

（2）根据婴幼儿的模仿能力和语言表达能力，保教人员可以改变语速，或者将模仿动作多重复几次。

5. 观察指导要点

（1）婴幼儿是否愿意伸手模仿保教人员的动作和语言。

（2）婴幼儿是否愿意和保教人员一起手碰手，抱一抱。

五个手指头

大拇哥，大拇哥，点点头，

二拇哥，二拇哥，弯弯腰，

五小妞妞，五小妞妞，拉拉钩，

手心手背，心肝宝贝。

（保教人员和婴幼儿击掌，碰手背，抱一抱）

　　上述案例中的游戏不仅能让婴幼儿对自己的手部有充分的认识，还可以让婴幼儿和保教人员建立良好的关系，产生亲密的互动，增进婴幼儿和保教人员的感情。

　　保教人员还可以设置与婴幼儿身高差不多的镜子，鼓励他们玩照镜子游戏，对着镜子感知自己的存在；还可以提供一些用于装扮和改变自己形象的道具，如头饰、挂饰、帽子、服装等，让婴幼儿能感知到通过戴头饰、戴帽子、穿衣服等改变自己形象的同时带来了镜像的变化。保教人员最好能和婴幼儿一起照镜子，做出不同的表情和动作，让婴幼儿观察镜中两个人的不同，发现自己和他人的区别。

· 游戏案例 ·

拉　拉　钩

1. 游戏功能

（1）增进婴幼儿与保教人员的互动。

（2）感知自己的手部动作。

2. 适宜月龄

12—36 个月。

3. 游戏准备

准备一块毛巾，可以盖住保教人员的手和婴幼儿的小手。

4. 组织方式

（1）将大毛巾放在桌上或者地毯上，保教人员和婴幼儿各伸一只手，藏在毛巾下面，用毛巾盖住两个人的手。

（2）保教人员和婴幼儿看不见自己的手，在毛巾下拉勾勾，把勾住的手拿出来，两个人笑哈哈，如：食指勾住婴幼儿的食指；保教人员的小指头勾住婴幼儿的大拇指。

5. 观察指导要点

（1）保教人员每次变化拉勾的手指，造成意想不到的效果。

（2）观察婴幼儿是否愿意参与游戏并跟保教人员互动。

（3）记录婴幼儿游戏的时间长度。

（二）促进认识社会的游戏

在自我认识基础之上，婴幼儿逐渐能够将自己与外界事物、自己与他人区分开来，然后才能够认识身边的人，以及认识自己存在的社会。婴幼儿对社会的认识能够让他们与人相处，共享玩具、分享物品，在此基础上慢慢去自我中心、产生移情等情感体验，逐渐产生同情他人、帮助他人的愿望。

促进认识社会的游戏的主要内容有对家庭成员的认识，对周边人物的初步认识，对简单社会角色的认识，对简单节日的感知等。例如，保教人员可借助头饰、卡片、实物等物品，与婴幼儿玩角色扮演的游戏。

保教人员可以将平时各种社会角色拍成照片，投放在环境中，作为游戏墙、社会认识板块，或用厚卡纸做成可以翻阅的自制图书等，让婴幼儿通过不同的游戏方式认一认、说一说、找一找。保教人员还可以描述自己或者同事，以及某一个社会职业的角色特征，丰富婴幼儿的社会认知经验。例如，保教人员可以这样说："请你们猜一猜，这个人是谁，每个家里都有，她很爱我们，每天给我们讲故事、洗澡，我们最喜欢她了，她很漂亮，她给宝宝买衣服、做好吃的……"然后观察婴幼儿能否猜出这就是妈妈。保教人员也可通过各种具体的描述，帮助婴幼儿认识更多的社会角色。

　　一些特定的社会行为也能丰富婴幼儿的社会认知。例如，保教人员可借助节日活动，介绍节日的常识，开展分享活动。在活动中，可以是保教人员准备和制作的节日食品、节日礼物，也可以由婴幼儿家长自备某些小礼物。不管采用哪种方式，这种活动重在让婴幼儿体验到在群体中共享和分享的乐趣。

▲ 图 7-4　自制糖葫芦

▲ 图 7-5　感受年味

　　托育机构举办迎新年庙会活动，宝宝品尝自制糖葫芦，在各类游戏中感受民俗文化。

· 游戏案例 ·

迎新年　送礼物

1. 游戏功能

（1）提高婴幼儿与同伴交往的能力。

（2）促进婴幼儿的语言表达能力提升。

（3）促进想象力的发展。

2. 适宜月龄

24—36个月。

3. 游戏准备

为婴幼儿准备一份安全的小礼物，手工制作也可以。选择一个有意义的节日。

4. 组织方式

（1）布置游戏情境。

保教人员布置班级环境，营造节日氛围，如在迎接新年的时候，用各类窗花、爆竹、小动物挂饰等装点班级。

（2）进入游戏情境。

① 保教人员向婴幼儿介绍节日的来历，如介绍新年的社会知识，让婴幼儿了解简单的民俗活动，认识窗花、爆竹、小动物挂饰等。

② 保教人员和婴幼儿一起包装礼物，如把礼物装到好看的纸袋、布袋中，挂在树上等；也可以用小盒子、彩纸等包装礼物。婴幼儿通过动手制作、装饰，参与准备礼物的过程。

③ 播放好听的迎新年音乐，带领婴幼儿唱歌律动，如《新年好》。

④ 拿出礼物，请婴幼儿互相赠送礼物给好朋友，和好朋友拉拉手、抱一抱，和好朋友一起玩小礼物。

5. 观察指导要点

（1）婴幼儿是否愿意参与各个活动环节，参加了哪些环节。

（2）如果婴幼儿不愿意和别人交换礼物，需要判断原因，多多鼓励，不要责怪和强迫婴幼儿，允许他们观望、观察其他人的行为。

（三）增进同伴相处的游戏

这类游戏的主要内容有认识自己的同伴，记住同伴的外貌特征，玩与同伴友好相处的情境游戏或简单的合作游戏等。对于2—3岁的婴幼儿，保教人员可以用语言描述某个婴幼儿的特征，让其他婴幼儿一边倾听、一边观察、一边猜测，从而促进他们对彼此的观察和感知。例如，在"猜猜他是谁"的游戏中，保教人员描述同伴的外貌特征、衣着打扮，让婴幼儿专注倾听并进行猜测，如果猜对了，支持婴幼儿互动，互相拥抱一下或者拉拉手等。保教人员也可以借助婴幼儿照片布置不同的环境或设计不同的活动，如通过游戏化的

▲ 图7-6　大联欢活动

　　托育机构的大联欢活动，让宝宝们感受56个民族是一家。

方式互相认识，玩"找找好朋友"的游戏等。

　　保教人员还可以通过其他角色游戏，增进婴幼儿与同伴相处。婴幼儿比较喜欢生活场景游戏，因此娃娃家、小厨房等都是比较好的选择。

· 游戏案例 ·

大声回答"哎"

　1. 游戏功能

（1）知道自己的名字，知道其他小伙伴也有名字，每个人都有自己的名字。

（2）能大胆地应答点名。

　2. 适宜月龄

18—36个月。

3. 游戏准备

让婴幼儿们围坐在一起，保教人员提前制作每个婴幼儿的姓名卡，上面可以有婴幼儿的照片，或者是他们能理解或认出来的图标、符号等，选择一种记号即可。

4. 组织方式

（1）将婴幼儿围坐在一起，保教人员介绍游戏规则，让他们知道听到自己的名字时就要大声回答"哎"。

（2）保教人员依次喊每个小朋友的名字，引导其他婴幼儿目光注视，并且打招呼，增进彼此的认识和熟悉程度。

5. 观察指导要点

（1）观察婴幼儿对自己名字的熟悉程度。

（2）观察婴幼儿是否愿意应答。

（3）观察婴幼儿对同伴的关注情况，能否目光注视或者挥手打招呼等。

• 游戏案例 •

娃 娃 家

1. 游戏功能

（1）提高婴幼儿社会交往能力，能和同伴友好相处。

（2）丰富婴幼儿的社会经验。

（3）促进婴幼儿想象力的发展。

2. 适宜月龄

18—24 个月。

3. 游戏准备

娃娃家玩具 1—2 套。

4. 组织方式

（1）布置游戏情境。

保教人员将游戏场景准备好，布置成娃娃家的情境，可以在小桌子上或者地垫上游戏。

（2）进入游戏情境。

保教人员先观察婴幼儿的反应，是否会被游戏情境吸引，主动进入游戏。

如果婴幼儿主动进入游戏，则跟婴幼儿互动；如果婴幼儿不能主动进入游戏，则邀请婴幼儿进入游戏场景，如"宝宝，我们一起来做饭吧""宝宝，我们一起来跟娃娃玩吧"。

（3）丰富游戏内容。

保教人员应根据情况跟婴幼儿互动。一般而言，可以和婴幼儿一起假装做饭、吃饭，并鼓励宝宝"你做的饭真好吃，再来一碗"；也可以融合进餐礼仪的社会教育，如吃饭的时候使用餐具的方法、坐姿等。

保教人员可以根据婴幼儿近期的生活经历拓展游戏情节，如"宝宝生病了，我们一起照顾她，请医生给她打针吃药吧"。

保教人员可以创造新的游戏，如结合消防车玩具，用管子玩模拟消防员救火的游戏，渗透安全教育的常识内容，促进婴幼儿角色扮演水平的提升。

5. 观察指导要点

（1）观察婴幼儿的语言、动作，并进行记录。

（2）鼓励婴幼儿模仿不同的角色。

（3）参与到游戏中，和婴幼儿对话、互动。

（四）学习社会规范的游戏

这类游戏的主要内容有礼貌行为的模仿、交通安全的模拟游戏、人际交往规则的情境游戏、乐于助人的表演游戏等。例如，保教人员营造乘坐公共交通工具的情境，将安全内容融入其中，并且渗透中华民族美德，如尊老爱幼、礼让他人等。

● 游戏现场

璐璐和小玉在同一张桌子上玩轻黏土，做圆圆的太阳。璐璐指着小玉的灰色太阳说："你的太阳不对，应该像我这样。"璐璐一边说一边把小玉的太阳拿起来团成球放到一边，然后拿来一块橙色的轻黏土给她。可是小玉对此很生气，说："你把我的太阳弄坏了！"然后，小玉就哭了起来。

上面的场景在托育机构经常会发生，很显然，璐璐尚不能站在小玉的角度理解问题，璐璐没有感受到自己破坏了小玉的东西，以为自己是在助人为乐。在这种情况下，就需要保教人员介入游戏进行指导。

· 游戏指导 ·

保教人员应帮助婴幼儿掌握社会交往的规则与界限。保教人员需要告诉璐璐，应该尊重别人的作品，没有经过别人的允许，不能把别人的作品破坏了。

保教人员请小玉说一说为什么自己的太阳用灰色黏土制作。小玉说："今天是阴天，天灰灰的，太阳也是灰的。"这样做，一方面可以理解小玉的想法，另一方面也可以让璐璐理解别人的选择。

当游戏中出现这种冲突时，保教人员应当及时捕捉其中的教育契机，请婴幼儿想一想发生的事情，然后适时适度地讲解基本的社会规则。

保教人员要为婴幼儿营造一种平等、友爱、互相帮助的人际关系和班级氛围，让保教人员、婴幼儿及其同伴形成一种伙伴关系。这种伙伴关系也是一种角色互动关系，一方面要表达自己的意愿、主张、态度，另一方面还要理解别人的意愿、主张和态度，并做出回应。当婴幼儿出现了合作行为、合作游戏之后，保教人员应当给予表扬和鼓励，让他们体会到合作游戏的快乐，以便能更积极地进行合作和人际互动。

随着年龄的增长，婴幼儿的情绪越来越丰富和细化，从外显性、不稳定性过渡到逐渐出现稳定性、内隐性，开始能够调节自己的情绪和外部表现。保教人员可以设计和组织一些跟情绪相关的游戏，帮助婴幼儿识别情绪、感知情绪，从而尝试简单地调节情绪，掌握基本的调节情绪的方法。

· 游戏案例 ·

哭宝宝和笑宝宝

1. 游戏功能
（1）提高婴幼儿对情绪和表情的认知。
（2）丰富婴幼儿的社会经验。
（3）提高婴幼儿的动手操作能力。
2. 适宜月龄
24—36 个月。
3. 游戏准备
巧克力笔、雪饼或饼干。

4. 组织方式

（1）布置游戏情境。

保教人员将材料进行分发和准备，人手一份：巧克力笔、雪饼或饼干。表情图片若干。

（2）保教人员介绍游戏玩法。

婴幼儿抽取一张表情卡，看看上面是什么表情（哭还是笑）。

保教人员示范用巧克力笔在饼干上画弧线的方法，画出哭和笑的表情。

婴幼儿根据自己抽取的表情卡，自制表情饼干。

5. 观察指导要点

（1）观察婴幼儿的语言理解力和参与活动的积极性。

（2）鼓励婴幼儿大胆捏巧克力笔，画出短弧线。

（3）观察婴幼儿是否能识别两种不同的表情。

　　婴幼儿在游戏时大脑处于高度兴奋的状态，因此，能够在游戏中获得社会经验，掌握社会交往能力，体会到创造和成功的快乐，感受到人际交往互动的幸福。保教人员在组织社会性游戏时，应注意不要发号施令，更不能粗鲁、体罚婴幼儿。如果婴幼儿出现了错误或者这样那样的问题，保教人员应当耐心地弄清楚事情的原因，设身处地地理解婴幼儿，恰如其分地处理，以平等的身份提出意见，而不是指手画脚、高高在上。这样才能跟婴幼儿建立良好的关系，让他们感受到保教人员是关注自己的、支持自己的，是值得信赖的人。与此同时，保教人员也实现了言传身教的过程。

　　此外，保教人员还可以根据婴幼儿日常生活中的事物，结合社会规则设计游戏内容。例如，保教人员可以将电话玩具、磁力钓鱼玩具等与游戏相结合。在"打电话"的游戏中，保教人员可以将礼貌用语、接电话的基本流程渗透在游戏中；在玩磁力钓鱼玩具时，保教人员则可以将其与安全教育内容相结合。

▶ 游戏案例 ◀

打　电　话

1. 游戏功能

（1）了解打电话时要说礼貌用语。

（2）丰富社会对话经验。

（3）愿意大胆参与互动游戏。

2. 适宜月龄

24—36 个月。

3. 游戏准备

电话玩具若干。

4. 组织方式

（1）布置游戏情境。

保教人员将 2—3 个电话玩具放在小沙发旁边，营造温馨的氛围。

（2）保教人员介绍游戏玩法。

婴幼儿可以在这里给妈妈、奶奶等打电话。保教人员模拟打电话跟婴幼儿对话，将接电话、挂电话时的礼貌用语进行示范。通过对话安抚婴幼儿的情绪，鼓励婴幼儿积极参与游戏活动，和小伙伴互动。

5. 观察指导要点

（1）观察婴幼儿的语言理解能力和表达能力，是否愿意对话。

（2）鼓励婴幼儿大胆说出自己的想法。

（3）鼓励婴幼儿互相玩打电话的游戏。

◆ 游戏案例 ◆

钓 鱼 啦

1. 游戏功能

（1）简单了解防溺水的安全常识。

（2）提高婴幼儿的手眼协调能力。

（3）愿意和小伙伴一起互动游戏。

2. 适宜月龄

24—36 个月。

3. 游戏准备

磁力钓鱼玩具若干。

4. 组织方式

（1）布置游戏情境。

保教人员将磁力钓鱼玩具放在地垫上，准备若干池塘、河边和人们垂钓的照片。

（2）保教人员介绍游戏玩法。

用钓鱼竿的磁力头触碰小鱼身体，把小鱼吸上来。保教人员示范操作方式，请婴幼儿模仿操作。

（3）保教人员表演安全教育情境。

保教人员结合图片进行讲解。在河边玩耍时，不小心掉到河里，于是大喊"救命呀！救命呀！"这样就可以将安全、自我保护的常识渗透在游戏中。

5. 观察指导要点

（1）鼓励婴幼儿大胆尝试操作，观察婴幼儿的手眼协调能力。

（2）观察婴幼儿的坚持性，如当多次钓鱼不成功时，婴幼儿是放弃还是继续坚持。保教人员应根据实际情况，采取不同的指导与鼓励方式。

有的保教人员会对一些社会性游戏产生困惑，如婴幼儿喜欢追逐、打闹，甚至模仿一些打强盗、抓小偷的题材，担心他们会发展为攻击性、暴力行为，不知道是否要制止婴幼儿的这种游戏。在这类游戏中，婴幼儿通常会扮演某种角色，如有一些英雄光环的角色，他们认为自己是好人，有正义感、使命感。婴幼儿对这类游戏有很强的需求，能让他们觉得自己很强大，帮助他们面对恐惧。如果盲目制止，可能会让婴幼儿寻求成人看管的空当而"偷偷摸摸"开展此类游戏，反而会有安全隐患，造成不必要的危险。

因此，遇到这类情况，保教人员可以先观察一下，婴幼儿在游戏中的角色是什么，出现了哪些行为，帮助他们设定安全范围，明确触碰他人身体的范围，规定行走和奔跑时的安全要求。更为重要的是，保教人员要引导婴幼儿区分现实与幻想，不能认为动画片中那些超人行为、超自然行为是真的，否则就会发生一些新闻报道中提到的悲剧。如果婴幼儿尚不能控制好自己的力量，保教人员需要对此类行为进行干预，否则会让婴幼儿受伤。

二、保教人员组织和实施游戏的提示

通过上述案例可以看出，保教人员在组织和实施社会性游戏时具有非常重要的作用。

（一）借助丰富的材料开展社会性游戏

保教人员要具有游戏意识，借助普通的游戏材料，创设相关的游戏情境，从而有效地实现多种教育价值，让婴幼儿在操作中、体验中提高能力，理解社会常识，掌握一些知识。在社会性游戏组织方面，相关的背景图片、场景布置，能让婴幼儿联想到某些社会情境，有利于进入游戏状态。例如，纱巾容易让婴幼儿跟表演、跳舞相结合，保教人员可以鼓励婴幼儿跟小伙伴一起合作律动；围裙容易让婴幼儿联想到模拟做饭、厨艺游戏、扮演妈妈等，保教人员可以组织婴幼儿角色扮演；听诊器容易让婴幼儿联想到看病、打针时需要勇敢面对，保教人员可以鼓励婴幼儿化身小医生，互相听诊、检查、粘贴创可贴等。因此，保教人员平时可以多介绍一些游戏材料，并且对它们进行游戏化的演绎，衍生出不同的游戏场景。尤其是在引入新游戏材料的时候，保教人员的介绍也能吸引婴幼儿积极参与游戏。

（二）允许婴幼儿逐渐进入游戏

到 2—3 岁左右，婴幼儿如果在游戏中能有以下表现，则可以认为社会性有良好的发展。例如，乐于与同伴一起游戏和探索；能掌握轮流、等待等社交技能；愿意与同伴分享自己喜欢的玩具、食物；能用简单的语言、恰当的方法表达自己的游戏需求等。但是，并不是在每一次游戏中都有比较理想、全面的良好社会性表现，因为婴幼儿存在个体差异。如果婴幼儿并不想跟别人接触的时候，也要满足婴幼儿独处的需求。保教人员可以在班级中设置一个安静的独处空间，有时候短暂地独处，能让他们更好地平复情绪。需要注意的是，每次游戏要保证充分的游戏时间，给每个婴幼儿弹性进入游戏的保证，允许婴幼儿观望、思考，逐步进入游戏情境。

（三）观察指导和分析支持相结合

在上述的游戏案例中都有"观察指导要点"一项，这一点非常重要，因为它明确了保教人员在组织和实施游戏过程中，要带着目的性、计划性对婴幼儿进行观察。保教人员如果能对每次游戏都进行观察记录，经过一段时间之后，就会对婴幼儿的游戏兴趣、语言发展、社交能力有全面且综合的了解。

当然，在日常撰写游戏方案时，保教人员的观察指导要点是灵活的、个体化的。保教人员可以根据游戏的内容与价值、婴幼儿的实际情况进行自主规划，充分发挥保教人员的主动性和创造性。

无论观察指导要点的侧重点在哪个方面，如果保教人员在观察中发现有的婴幼儿不能顺利开展游戏或者发现一些行为倾向上的问题时，都应该及时进行记录，并且立即分析存在的问题。保教人员可以跟同事一起寻找原因，也可以跟家长进行沟通，从而确定下一步的支持策略，只有了解原因之后，才能有针对性地进行指导。

🔍 内容小结

本章围绕婴幼儿社会性游戏展开，介绍了婴幼儿的自然属性和社会属性；阐述了婴幼儿社会性发展的特点与表现，包括从认生过渡到接纳不同社会角色，从模仿游戏过渡到自主发起社会性游戏，从自我中心到出现利他行为。事实上，基于社会性发展的游戏素材是丰富的、多元的，结合游戏案例，从游戏功能、适宜月龄、游戏准备、组织方式、观察指导要点等方面进行了详细的介绍，供保教人员参考。本章重点介绍了四种社会性游戏：促进认识自我的游戏、促进认识社会的游戏、增进同伴相处的游戏和学习社会规范的游戏。最后，还针对保教人员如何组织和实施游戏做了三点提示：借助丰富的材料开展社会性游戏、允许婴幼儿逐渐进入游戏、观察指导和分析支持相结合。

课后练习

1. 如何理解婴幼儿的自然属性和社会属性，请列举若干行为表现。

2. 婴幼儿社会性游戏有哪些类型？它们各自的侧重点是什么？

3. 游戏方案中观察指导要点部分应该怎样撰写与提炼内容？如果没有观察到预设的观察要点，应该怎么办？

实训任务

撰写一份社会性游戏方案，并在实习的时候组织婴幼儿开展游戏，然后完成观察记录和分析。

第八章 | 婴幼儿游戏活动的观察与指导

 学习目标

1. 掌握婴幼儿个体差异的概念，认识个体差异的不同表现形式，能从多角度分析形成个体差异的原因。

2. 了解婴幼儿学习与发展中常见的几种问题，掌握观察和分析的视角，熟知应对方法，能根据不同的问题采取有效的保教策略。

3. 掌握编制婴幼儿游戏观察档案的方法，能够设计一份较为全面的发展评估档案。

4. 掌握设计班级层面游戏活动和个体游戏活动方案的基本方法，能够设计游戏计划。

第一节　婴幼儿游戏中的个体差异

本节概览

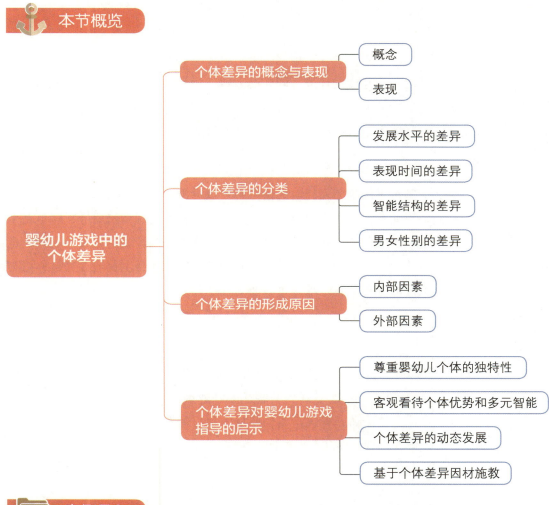

案例导入

"为什么我家宝宝天天哭"

乐乐 2 岁了，妈妈送他到小区里的托育班，从 9 月 1 日一直到国庆节，每天入托时都要上演哭天抹泪的一幕。妈妈看到有的孩子已经能够高高兴兴地入托，不禁困惑："老师对乐乐很好，在白天活动时老师拍的小视频、照片里，乐乐都很开心，为什么早上都要哭一下呢？"后来乐乐妈妈跟老师沟通之后了解到，有的宝宝哭两三天就适应了，有的宝宝一周左右就能平静地和家人分开，而有的宝宝则需要三到四周甚至一两个月才能让自己平和地与家人分开。老师对每个宝宝入托时的情绪做了详细的记录：宝宝哭一会儿，只要稍加安抚可以平复；看到别人哭，宝宝受到感染哭一会儿；宝宝想念家人，哭了几分钟。老师这样做可以清楚地看到每个宝宝适应的情况并且有针对性地进行指导。

阅读上述案例，请思考：同样的环境、同样的老师，为什么乐乐比其他婴幼儿的入园反应大？每个婴幼儿适应新环境的情况是否一致，是否存在个体差异，这种差异在游戏活动中又有哪些表现？本节将从个体差异的角度解读游戏中婴幼儿的不同表现。

一、个体差异的概念与表现

我们从上述案例老师记录的宝宝入托时的情绪中可以看出，婴幼儿的学习与发展存在个体差异。年龄相同的婴幼儿，身处同样的入托情境，存在着不同的情绪反应，这也是个体差异的具体表现。这些表现既能反映婴幼儿的情绪调控能力、情绪表达方式的不同，也能证明他们在社会适应能力上的差别。这种差异在同年龄的婴幼儿身上普遍存在，称之为个体差异。承认个体差异的存在，就是承认每个婴幼儿是独立的个体，也是对婴幼儿主体性的尊重和认可。

（一）概念

个体差异是指在身心发展过程中，每个个体所表现出的身心发展特征彼此不同的现象，包括个性特点、行为倾向、兴趣爱好、发展速度和速率上的差别，个体内部相对稳定，却又不同于他人。广义的个体差异包括婴幼儿身体和心理发展的方方面面，但是在托育机构情境下，主要表现在心理发展和个性特征上。

（二）表现

个体差异有横向和纵向两个维度的表现。横向表现的差异是指每个婴幼儿个体身心特点的差别，以及行为方式上的不同倾向。例如，有的婴幼儿活泼好动，有的文静乖巧。纵向表现的差异是个体在某项发展上的速度有快有慢、速率产生变化，以及所处的发展水平不同。例如，有的婴幼儿 1 岁半就能开口说句子，有的婴幼儿到了 2 岁还不能开口说词语。

二、个体差异的分类

0—3 岁婴幼儿发展的个体差异主要有以下类型。

（一）发展水平的差异

发展水平的差异是指婴幼儿在某一方面发展存在高水平和低水平的区别。这里的差异并没有贬义、否定之意，而是遵循婴幼儿身心发展的客观规律，从低水平到高水平，如动作水平从单一动作到复杂动作。在游戏中，保教人员可以看出每个婴幼儿在动作发展水平、智力发展水平、语言发展水平等方面的差异。

（二）表现时间的差异

有的婴幼儿表现出某一行为能力的时间早，有的则表现时间晚，这就是表现时间的差异。其中，比较典型的是婴幼儿语言发展的个体差异。

（三）智能结构的差异

根据多元智能理论，婴幼儿的多种智能有不同的能力组合，因此表现出兴趣爱好、认知方式、优势领域的差异性。例如，同样是 2 岁的婴幼儿，有的擅长涂鸦，有的则擅长音乐律动，所以会表现为游戏偏好的区别。

（四）男女性别的差异

男女婴幼儿之间的差异主要表现在生理发育上，具体包括身体和动作发展的差异、认知领域的差异，以及语言、数学等不同领域的性别差异。这些差异也是保教人员应当了解的内容，要认识到男女婴幼儿之间有不同的优势领域。与此同时，在游戏中保教人员也会看到男孩和女孩的区别，如大部分男孩对交通工具、机械玩具感兴趣，大部分女孩对生活玩具、角色玩具感兴趣。

三、个体差异的形成原因

0—3 岁婴幼儿在每个月都有不同的发展和变化。个体差异的形成受到遗传因素和环境因素的交互作用，既有个体的内部因素，也有外部因素的影响。个体内部因素可以称之为主观因素，外部因素也可以称之为客观因素。

（一）内部因素

内部因素包括以下几个方面。

（1）生长因素。婴幼儿的身体生长发育影响着其心理发展过程，例如，发育速度快的婴幼儿，先掌握各种动作能力，并因为动作能力的发展，做出各种动作，从而进一步促进自身的动作发展。

（2）气质因素。气质类型是与生俱来的，一般分为胆汁质、多血质、黏液质、抑郁质四种不同的气质类型。气质类型也会对婴幼儿的行为倾向产生影响。

（3）性别因素。婴幼儿的性别差异也会形成个体差异。

（4）生产因素。婴幼儿生产过程中的经历，包括胎儿时期母亲的身体状况，也会影响其生长发育。

（5）心理因素。婴幼儿的兴趣爱好、能力水平、性格特点、自我意识都会有个体差异。

（二）外部因素

外部因素主要包括以下几个方面。

（1）环境因素。婴幼儿生活的外部环境是否安全、游戏材料是否丰富等，都会影响婴幼儿的个体发展。

（2）家庭因素。父母亲的收入水平、职业背景、受教育程度、教育观念、对子女的喜好程度等都会影响婴幼儿的个体发展。

（3）抚养方式。养育方式的不同也会对婴幼儿带来不同的发展影响。常见的抚养方式有民主型、专制型、溺爱型和放任型四种。其中，专制型、溺爱型的抚养方式，会剥夺婴幼儿自己动手操作的能力，使其形成被动等待的退缩行为。

（4）人际互动。婴幼儿与外界人员的互动方式会影响婴幼儿的学习与发展。这些互动包括保教人员、父母亲、祖父母、多子女家庭中的同胞互动等。例如，回应性的互动方式更有助于婴幼儿言语的发展。

（5）教育因素。进入托育机构接受早期教育或者在家庭中所接受的亲子家庭教育，均会影响婴幼儿的发展。

以上内部因素和外部因素交织在一起，共同影响着婴幼儿的学习与发展，从而形成了每个婴幼儿独特的个体差异。

　　运用所学的知识，结合接触过、见过的婴幼儿，描述其个体差异的表现，分析影响因素。

四、个体差异对婴幼儿游戏指导的启示

由于婴幼儿存在个体差异，保教人员在组织教育活动和指导游戏活动时，应当充分考虑每个婴幼儿在发展上的特点，采取更适合婴幼儿个体发展的教育策略，有针对性地进行教育和指导。保教人员在进行婴幼儿游戏指导时，应注意以下几点。

（一）尊重婴幼儿个体的独特性

基于对婴幼儿个体差异的理解，保教人员应当认识到每个婴幼儿的独特性，从思想上和心理上尊重婴幼儿的差异，接纳他们不同的行为表现，尤其是发展的速度不同，如认识到同样月龄的婴幼儿也会出现先后不同的表现。保教人员在观察中遇到这样的情况时，不能轻易就下结论认为婴幼儿发展迟缓，而应当从个体差异的角度，结合内外部影响因素进

行客观的分析。

（二）客观看待个体优势和多元智能

保教人员应当认识到每个婴幼儿都有自己的优势偏好和认知加工方式。例如，有些婴幼儿听到音乐就情不自禁地手舞足蹈，表现出听觉加工方式的偏好；而有些婴幼儿在面对图片、玩具等时，表现出明显的关注。这些都是需要保教人员进行日常观察和记录的，发现每个婴幼儿感兴趣的事物，有意识地进行记录，从而为他们提供最适合的环境支持。

（三）个体差异的动态发展

婴幼儿的个体差异并非一成不变的。随着婴幼儿的生长发育、心理发展，以及教育因素的影响，原本语言发展速度较慢的婴幼儿，可能会迎来语言的爆发期；原本动作发展略显滞后的婴幼儿，可能会有所进步。因此，保教人员应当用动态的、发展的眼光去看待婴幼儿的个体差异。同一个体在不同月龄的发展也存在变化，可能某个月的发展十分迅速，也可能近1—2个月都没有变化。为此，保教人员要遵循个体发展的连续性，持续进行观察，不能轻易就下结论认为婴幼儿某方面的学习存在困难或在某一领域的发展存在问题。

（四）基于个体差异因材施教

保教人员应当细心观察，了解每个婴幼儿的成长背景、个性特点、兴趣爱好，做好家园沟通，进一步了解每个婴幼儿在生长发育中的关键事件。有了对不同婴幼儿的资料调查之后，再结合亲身观察进行判断，保教人员才能针对不同的婴幼儿实施不同的教育。保教人员应当允许每个婴幼儿在教育目标达成度上存在个别差异，为此，要设计有层次性目标的保教活动，以满足婴幼儿的个体需求和个体差异。例如，以取放物品为例，对于刚学会站立的婴儿，只要能扶着墙或沙发取到东西即可；对于刚学会独立行走的婴幼儿，可以要求走到某个地方取物；对于2岁以上的婴幼儿，可以要求行走一定距离，并弯腰下蹲从某个容器里取出物品。只有充分了解认识0—3岁婴幼儿的个体差异，保教人员才能对教育目标进行细致的思考，做到因材施教。

·托育案例·

东东2岁了，妈妈送他上托班，老师看到体检结论一栏中写着"营养不良，发育迟缓"。老师了解到这一情况，详细问询了东东的抚养方式、家庭喂养习惯、父母亲的身体状况等，最终发现东东在家里的膳食营养搭配不合理。2岁的东东还在吃糊状辅食，并且挑食很严重。与此同时，东东的语言发展也存在滞后的现象，不能说出词语和句子，只能发出咿咿呀呀的声音。老师分析这可能是因为口腔肌肉没有得到很好的锻炼。此外，长期营养不良也影响了语言的发展。

基于对东东生长发育情况的了解，老师结合保健医生给东东制定了个别化的营养餐方案，并且指导家长合理安排东东的早餐和晚餐，要变换花样让东东多吃蔬菜和肉、蛋、虾等，做到营养均衡。同时，老师还制定了语言启蒙的教育方案，通过念儿歌、听故事、阅读图画书、玩手指游戏等多种形式，让东东能够从中获得更多的语言信息。

经过托班一年的生活，到了上小班再次体检的时候，东东已经没有营养不良的情况了，而且东东也能够说几句简单的句子了。

通过上述案例可以看出，在关注婴幼儿个体差异的时候，保教人员不能仅重视对游戏的观察。游戏是婴幼儿发展过程中的重要内容，但不是唯一内容。因此，在帮助婴幼儿改变营养不良的情况时，保教人员不仅要从卫生保健、营养膳食等卫生学、营养学角度努力，也要从教育学、心理学的方面改进，这样才有可能真正改善婴幼儿营养不良的情况。

第二节 婴幼儿游戏中的常见问题

本节概览

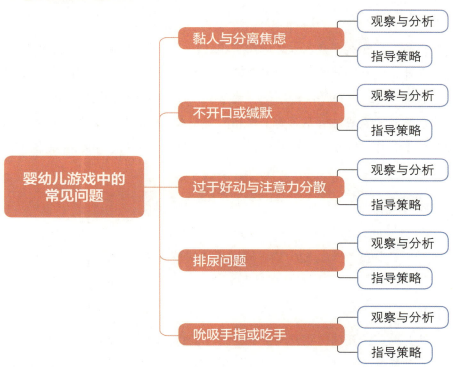

案例导入

"为什么诚诚不知道自己动手吃饭"

诚诚1岁7个月了，在托育机构基本上不玩游戏，只是走来走去，在这个区逛一逛，在那个区看一看。托育机构的老师从来没看到他专心坐下来操作某个游戏材料。

诚诚的爸爸妈妈平时工作很忙，全靠家里的4个保姆照顾，其中1个照顾姐姐，1个照顾诚诚，1个做饭，1个做家务劳动。诚诚入托后，老师发现，到了吃点心、吃午餐的时间，诚诚坐在位置上，双手垂放在身体两侧，不像其他孩子那样准备拿起勺子自主进餐。当诚诚看到别的孩子吃上了饭，他会急得发出"饭、饭"的声音，可双手依然没有动作。看到这里老师似乎明白了，诚诚从小到大都是被保姆喂饭的，导致他完全不知道自己也可以用手拿着餐具来吃饭。

后来，一个学期的托育生活中，老师还发现诚诚在集体活动时从来不跟自己的目光对视，也没有跟小伙伴有任何互动。至此，老师认为诚诚可能有一些和别人不一样的地方，建议诚诚妈妈带他去做一下专业的发展评估，经过初步诊断后，诚诚被认为有孤独症的倾向。

阅读上述案例并讨论：为什么诚诚不专心操作游戏材料？为什么诚诚不会自主进餐？他的抚养方式可能存在什么问题？婴幼儿在学习与发展过程中会呈现各种异常的行为和表现，有的是暂时性的、短期的，经过一定的引导、调整、教育后特殊行为可能会消退，有的可能是长期的、病理性的，需要进行专业的干预和治疗。本节列举的是保教人员应当掌握的婴幼儿学习与发展中的常见问题，通过对问题的举例、描述、分析，可使保教人员掌握基本的应对和沟通方法。

一、黏人与分离焦虑

婴幼儿由于抚养方式不同，到了入托时会表现出分离焦虑的情况。例如，有的婴幼儿平时由一人主要抚养，接触的人少，较少到不同的生活情境中去，比较容易出现黏人、惧怕生人的情况。

（一）观察与分析

保教人员要对婴幼儿的亲子互动模式有所了解，调查婴幼儿的家庭结构，记录关键信息，如平时和婴幼儿互动最多的是谁、平时与同伴交往的次数有多少、每天独处的时间有多久等。保教人员要观察婴幼儿进入托育机构之后每天早晨的情绪并进行记录，持续记录一段时间后掌握其与家人的依恋程度和焦虑程度；还要观察婴幼儿在家人身边时，能否大胆回应其他人发起的互动。例如保教人员和宝宝说再见的时候，宝宝能否及时回应、大胆开口表达。如果宝宝不敢开口，甚至躲在大人身后就有可能存在心理压力。

（二）指导策略

第一，家庭和托育机构都要开展多样的活动，让婴幼儿感受到充实的生活，丰富的亲子互动和师幼互动。

第二，培养婴幼儿短暂的独立自处的能力，不依赖成人的陪伴，能够独自玩一会儿。

第三，加强教育活动的实施，让婴幼儿认识到自己长大了，能够独立入托体验新的环境和生活了。

第四，扩大婴幼儿的生活范围和社交圈，多提供与同伴互动、交流的机会，鼓励婴幼儿到安全的各类场所，认识到生活中有很多的场景和人物。

第五，要有分离的缓冲期。例如，安排婴幼儿周一到周五上托育机构，周六与周日在家，或者也可以采取半日托育的方式，让婴幼儿有较好的缓冲和适应。

二、不开口或缄默

0—3 岁婴幼儿的语言发展和社会交往密切相关，有些婴幼儿本身语言能力是正常的，但是在某些场景中选择了沉默不语，无论保教人员怎样提问和发起互动，都无法得到回应。

（一）观察与分析

保教人员要了解婴幼儿在家庭中的语言表达和交流情况，是否能和家人正常地沟通，如果在家里一切正常，但是到了外面就不敢说话，或者在托育机构选择沉默不语，那就有可能是因为焦虑或缺乏安全感而不讲话。

保教人员要记录婴幼儿在园讲话的时间、在语言活动中的表现，及时发现和做出判断。例如，先观察婴幼儿是在集体活动中不说话还是跟小伙伴互动时不说话，是在室内不说话还是在户外奔跑玩耍时不愿意说话，保教人员再及时分析引起沉默的原因和场合。如果保教人员发现某些婴幼儿持续一周不说话，就需要引起重视。另外，保教人员还要分析婴幼儿是否因为处在语言发展的储备期。如果发现婴幼儿虽然能听懂、能理解，只是口头能力表达不强或表达的速度跟不上动作和思维的速度，保教人员就不需要太过紧张。

（二）指导策略

第一，了解家庭环境是否存在与婴幼儿互动频率低、语言交流少的问题，指导家长多跟孩子用语言交流，开展亲子阅读，改善家庭语言环境。

第二，不强迫婴幼儿开口说话，尤其是不强迫打招呼，创造安全的心理氛围。

第三，合理安排一日生活，注重情感沟通，通过亲子互动对婴幼儿表达自己的关心和爱护，对语言回应给予积极正面的强化。

第四，开展丰富多样的语言游戏，如"有样学样"游戏、拟声词游戏等，让婴幼儿感到发声、讲话、表达、交流的乐趣，萌发出强烈的语言表达愿望。

三、过于好动与注意力分散

0—3 岁婴幼儿活泼好动是天性，但是有些婴幼儿表现出格外的好动，甚至难以安静下来，情绪冲动，注意力也无法集中，出现频繁地转换玩具、转换场地等行为。

（一）观察与分析

保教人员通过观察记录婴幼儿在集体活动、操作活动、音乐律动等不同形式活动中的表现，从而判断其是否存在过于好动和注意力分散的情况。例如，婴幼儿在玩雪花片时，不能专心、不能坚持；在看图画书时，目光不能专注在画面上，不能跟随模仿句子等；在需要安静活动时，难以自控等。基于具体的观察记录，保教人员再对婴幼儿的行为表现进行分析。

（二）指导策略

第一，跟家长沟通，了解是否存在遗传因素、发育因素或者社会心理因素，了解家长对婴幼儿这些行为的看法，是否采取了一些教育措施。和家长达成一致意见后，双方共同有目的、有意识地进行指导。

第二，有意识地培养婴幼儿的注意力，不破坏其短暂出现的专注力。通过玩球、走、跑等运动，借助器械等，让婴幼儿完成某项小任务，如绕障碍行走、取放物品、钻爬等，培养专注和完成任务的意识。

第三，丰富婴幼儿的感官体验，借助自然环境、操作材料、音响材料，让婴幼儿的各种感觉都得到充分发展，注重陪伴，加强一对一的互动，满足婴幼儿心理发展的需求。

一名刚 2 岁的婴幼儿进入托育机构，听不懂老师的指令，在活动室内自由奔跑，到处翻找物品，也不能说出短句，难以集中注意力参与操作活动和集体活动。运用所学的知识，讨论如何对他进行观察和实施保教？

四、排尿问题

由于婴幼儿在 1 岁半—2 岁时，直肠括约肌与膀胱发育才成熟，才能有意识地控制排尿，因而在婴儿时期会存在不自主排便的情况。但是随着婴儿成长，大部分婴幼儿能养成排便的习惯，能通过表情、声音信号、语言交流及时表达排便的需求。保教人员也可能会遇到个别不能自主排便的婴幼儿，从而增加了托育工作的难度。0—3 岁婴幼儿容易出现不能自控排尿的情况，而且在白天和夜晚都可能出现不自主排尿的情况。尤其是在游戏活动中，婴幼儿经常是玩着玩着就排尿了。

（一）观察与分析

保教人员对于婴幼儿出现的不自主排尿情况要进行观察记录，从而推断出其排尿的生理规律和社会性原因。一方面，保教人员要详细记录婴幼儿入托后的饮水时间、饮水量、如厕时间、如厕情况。对于 1 岁以下婴儿，可以通过尿不湿称重的方式测算排尿量；对于 1—3 岁的婴幼儿，可以记录排尿时间。另一方面，保教人员要记录排尿的情境，从而找到影响婴幼儿不能自主排尿的原因。例如，有的婴幼儿是因为玩得高兴，过于兴奋，不能及时表达；有的婴幼儿是因为不敢表达、不会说，急得团团转，又未能得到及时引导而导致尿在身上。分析不同的场景、不同的原因，有利于保教人员关注婴幼儿的生理需求，及时做出如厕的引导。

（二）指导策略

第一，掌握排尿规律，及时提醒。基于前期观察，保教人员对婴幼儿饮水后排尿的时间有一定的掌握，如饮水后 20—40 分钟左右需要提醒婴幼儿进行排尿，睡午觉之前也要提醒婴幼儿及时排尿。保教人员通过日复一日地重复提醒，可逐渐帮助婴幼儿形成排尿的秩序感和本体感。

第二，对于不自主排尿或者尿湿裤子、尿湿床的情况，保教人员应当宽容对待，不要流露出责备、不耐烦的表情和言语。这是因为婴幼儿如果感受到负面情绪就会变得更不知所措，增加其自卑感和羞愧心理。

第三，照顾婴幼儿的心理感受，营造宽松的氛围。保教人员在帮婴幼儿更换衣物和清洁身体时，要注意保护隐私，应到相对独立的空间进行更换清洗。如果婴幼儿能及时表达如厕需求，及时排尿，保教人员要及时肯定、表扬，让婴幼儿得到情感的满足。

第四，加强对身体的认知和教育。保教人员可利用绘本开展相关的教育活动，激发婴幼儿对身体的好奇心和感知力，细化感知觉的发展。

课 堂 讨 论

如果一名宝宝尿湿了裤子，作为保教人员的你刚给他换上干净的裤子，不到十分钟，他又尿湿了，短短一上午已经尿湿了三次。此时的你会感到生气、愤怒、懊恼吗？如果一名保教人员的情绪崩溃，对着孩子大喊大叫，你认为，可能会产生什么影响？

五、吮吸手指或吃手

根据弗洛伊德的心理学发展理论，0—1 岁属于口唇期，婴儿表现出把物体放入口腔进行探究的行为。这属于正常的行为，一般开始于 3—4 个月，1 岁半左右最常见，2—3 岁时吮吸手指的行为将逐渐减少和消退。1 岁以内的婴儿经常吮吸手指能够满足其心理发展需求，也有利于调节自己的情绪。但是，如果婴幼儿在托育机构仍然经常性吮吸手指和吃手，就有可能存在心理紧张和焦虑的情况。

（一）观察与分析

保教人员应当观察和记录出现该行为的发生情景，通过事件取样法进行记录，即将发生了吮吸手指和吃手的行为记录下来，经过一段时间的积累，可以分析出婴幼儿在哪些场景中会引发该行为。例如，婴幼儿吃手可能是因为保教人员跟他单独互动时感到紧张，可能是因为刚跟父母分开进入托育班而无所适从，可能是因为和几个伙伴一起运动时感到缺乏安全感，也可能是因为保教活动安排不合理而导致婴幼儿消极等待。

· 托育现场 ·

　　轩轩进入活动室之后，抱着自己的小毯子，坐在角落里，怯生生地看着周围，眼圈有点泛红，嘴里喃喃着"我想要外婆"，不一会儿就开始吮吸起自己的大拇指。看到老师带领小朋友们唱歌做律动，他渐渐放下了手，跟着一起舞动了起来。

（二）指导策略

　　针对吮吸手指或吃手这样的行为，保教人员要根据不同年龄的婴幼儿采取正确的保教策略。

　　第一，满足婴幼儿生理需求，合理安排进餐次数，膳食营养合理、种类丰富，使婴幼儿通过口腔的咀嚼得到满足感。

　　第二，给婴幼儿充分的关爱和关注，创设安全、愉悦的心理氛围。保教人员可与婴幼儿进行情感交流、眼神互动，满足婴幼儿的安全感、情感依恋的需要。

　　第三，通过游戏、运动等方式转移注意力。保教人员可让婴幼儿的双手操作各类材料，从事各种大运动和精细运动，保持对外界事物的好奇心，避免从吮吸手指上获得满足。

　　第四，不强制打断或纠正婴幼儿偶然出现的吮吸手指行为，加强对手部卫生的健康教育，引导婴幼儿学会洗手的方法。保教人员可通过读图画书、念儿歌、讲故事等方式，让婴幼儿理解"如果不洗手，手上有细菌，不要放到嘴里"这一基本常识。

第三节　婴幼儿游戏的观察与记录

本节概览

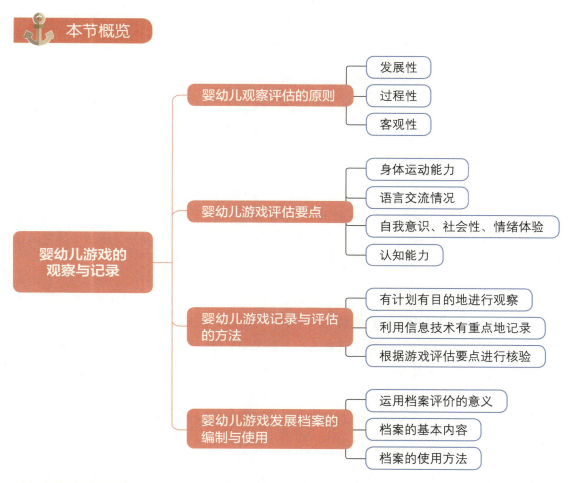

案例导入

"宝宝落后了吗"

　　珍珍 1 岁 6 个月了，妈妈为了重返职场送她进入了托育机构，但是珍珍妈妈很焦虑：看到有的宝宝口齿清晰，就觉得珍珍语言发展落后了；看到有的宝宝专注涂鸦，就觉得珍珍注意力不集中，不喜欢画画。妈妈焦虑的情绪似乎传递给了珍珍，早上珍珍来到班级中，表情有点紧张，怯生生地坐在阅读区。老师看到后给了她一个娃娃，让她抱一抱、玩一玩，她也不敢接受。过了好一会儿，珍珍才开始放松自己的情绪，跟着老师一起做音乐律动，也开始摆弄小玩具。

阅读上述案例并讨论：珍珍妈妈是如何判断珍珍落后的？她的判断有哪些不科学、不合理的地方？妈妈的评价和判断会对孩子造成什么不良影响？

由于婴幼儿有明显的个体差异，要对其进行学习能力和发展的评估，保教人员就要进行全面的观察、综合的判断，不能只看一个活动、一个片段、一次测查。保教人员要基于婴幼儿的身心发展情况，开展过程性评估，从纵向上进行发展的评价。

一、婴幼儿观察评估的原则

每个婴幼儿的发展水平和发展速率不相同，都是在原有经验的基础上按照自己的节奏发展的。因此，保教人员在对 0—3 岁婴幼儿进行观察评估时，要遵循以下原则。

（一）发展性

0—3 岁之间，婴幼儿在身体和心理上每个月都有显著的发展和变化，可以说是"日新月异"。因此，在进行评估时，保教人员要关注婴幼儿发展阶段的典型行为和明显特征，把握关键的发展里程碑事件，用发展的眼光看待婴幼儿某一方面的发展，不做个体之间横向的比较，要从纵向发展角度进行观察记录，得出发展评估的结论。

（二）过程性

随着婴幼儿的身体发育和心理发展，婴幼儿在语言、认知、运动、情感、社会性等多方面不断成熟。但是，某一个瞬间的表现不一定反映出婴幼儿的真实发展水平，他们容易受到情绪、场景等主客观原因的影响。因此，保教人员对婴幼儿的观察评估不能只通过一次测查、测评就得出结论，而是要在生活中、活动中、游戏中观察评估，尽量在自然的状态下进行，最好是经过一段时间持续地观察，确保观察评估的准确性。

（三）客观性

对婴幼儿进行观察评估时，保教人员要避免预先给婴幼儿贴标签，如"他很文静，不喜欢玩球""她很开朗，很爱讲话"等。保教人员的观察评估要基于对幼儿语言、行为、动作的客观描述，采用白描的方式进行记录，然后再进行分析评价，不急于进行定性描述。

二、婴幼儿游戏评估要点

在对婴幼儿的游戏进行评估时，保教人员可以从身体运动能力，语言交流情况，自我意识、社会性、情绪体验，以及认知能力等方面，结合月龄发展特点进行综合评估。保教人员要注重过程性评估，并且有重点地进行评估。

（一）身体运动能力

对游戏中的身体运动能力进行评估，是指保教人员要观察婴幼儿在游戏中的身体发展、身体协调性、灵活性、基本动作的发展状况，从而为进一步设计游戏提供依据。

· 游戏研讨 ·

曹老师设计了"摇摇乐"的游戏，她为宝宝准备了一些不透明的小瓶子、小盒子，按照"1 和许多"的标准在里面装了小豆子或者小积木块，但是没有让宝宝看见，请宝宝分别摇摇听听。

1. 游戏导入

摇摇乐

两个瓶子，摇一摇，听一听，

一颗纽扣，许多纽扣。

两个盒子，摇一摇，听一听，

一粒黄豆，许多黄豆。

两个杯子，摇一摇，听一听，

一块奶糖，许多奶糖。

2. 游戏指导

请宝宝拿着两个小瓶子，摇一摇，听一听。

请宝宝拿着两个月饼盒，摇一摇，听一听。

问一问：听到的声音一样吗？

3. 游戏观察要点

（1）宝宝喜欢摇摇听听的游戏吗？

（2）宝宝的表情、动作是什么样的？

（3）宝宝是否注意到声音的区别？

保教人员可按照上面的游戏设计对婴幼儿进行观察，在观察时应有一定的侧重，同时做好记录和评估。如果对班级中每一名婴幼儿都进行了观察与评估，保教人员可以从横向上看到班级婴幼儿的总体情况；过一段时间，再进行观察评估，就可以从纵向上看到班级婴幼儿的发展情况。

（二）语言交流情况

对游戏中的语言交流情况进行观察评估，是指保教人员仔细倾听和记录婴幼儿在游戏中是否有独白语言、自言自语、同伴对话，并对其进行记录、分析，也可以在游戏之后，引导婴幼儿讲述、回顾游戏中的感受。

· 游戏研讨 ·

曹老师设计了"车儿吹喇叭"的游戏，她提前录制了不同的汽车声音，还准备了相应的特种汽车玩具，请宝宝听一听、猜一猜，并将声音和实物进行匹配。

1. 游戏导入

车儿吹喇叭

救护车送病人，哎哟哎哟真着急。

消防车去救人，火火火，快闪开。

警察车抓坏人，哇啦哇啦哪里跑。

洒水车扫马路，咿呀咿呀唱着歌。

小汽车跑得快，滴滴叭叭按喇叭，

自行车唱着歌，叮铃叮铃真好听，

小火车去远方，呜呜呜呜说再见。

2. 游戏指导

保教人员用表情和动作模拟不同汽车的应用情景，引导婴幼儿感受不同的场景，模仿不同的动作。

救护车送病人，哎哟哎哟，表现出很着急的样子；消防车去救人，火火火，快闪开，表现出很紧张的样子；警察车抓坏人，哇啦哇啦哇啦啦，表现出风风火火的样子；洒水车扫马路，咿呀咿呀唱着歌，表现出悠然自得的样子；小汽车跑得快，滴滴叭叭按喇叭，表现出天真活泼的样子；自行车唱着歌，叮铃叮铃真好听，表现出笑眯眯的样子；小火车去远方，呜呜呜呜，挥手依依不舍说再见。

3. 游戏观察要点

（1）宝宝喜欢参加语言模仿游戏吗？

（2）宝宝的表情、动作是什么样的？

（3）宝宝是否能指认命名不同的车辆？

（三）自我意识、社会性、情绪体验

保教人员在游戏中要注重观察婴幼儿的社会性发展情况，关注婴幼儿是否积极主动地参与游戏，在游戏中是否有愉快的情感体验，尤其关注是否出现了争抢玩具、同伴冲突等关键事件，以便及时做好引导。

· 游戏研讨 ·

曹老师用纸杯和毛线设计了"打电话"的游戏，宝宝可以与同伴一起玩游戏，也可以和保教人员一起玩游戏。

1. 游戏导入

宝宝，看，今天我们来玩打电话的游戏，你想和谁打电话呀？

2. 游戏指导

引导宝宝说一说打电话的语言，"喂，你好……"

引导宝宝和同伴一起打电话，增进同伴互动。

3. 游戏观察要点

（1）宝宝喜欢参加游戏吗？

（2）宝宝愿意表达吗，说了哪些话？

（3）宝宝在游戏中有什么行为、动作、表情、愉快的体验吗？

（四）认知能力

保教人员在游戏中要持续观察婴幼儿操作游戏材料，从而判断其认知水平。需要注意的是，保教人员不能只看操作结果，如在拼图游戏、益智游戏中，尤其要关注婴幼儿是否存在克服困难、多次尝试等良好的学习品质和行为倾向。

▲ 图 8-1 观察婴幼儿操作材料

· 游戏研讨 ·

曹老师设计了"一起来找茬"的游戏，她准备两张图片，共有 3 处不同，培养宝宝的观察能力。

1. 游戏导入

宝宝，今天老师带来了两个很像的图，就像双胞胎，但是上面有 3 个不同的地方，请你们用眼睛仔细找，看看谁能发现 3 个不同的小秘密。

2. 游戏指导

保教人员观察婴幼儿的读图策略，适时回应。

3. 游戏观察要点

（1）宝宝喜欢参加认知游戏吗？

（2）宝宝的观察策略、读图策略是什么样的？

（3）宝宝找到了几处不同？

（4）宝宝完成游戏，获得成功体验时有什么表现？

（5）宝宝有1—2处找不到，他的表现是什么样的，你做了哪些引导？

三、婴幼儿游戏记录与评估的方法

在托育机构，保教人员应该准确了解每一名婴幼儿的个性特点、认知能力、语言能力、社会性发展水平等。在此基础上，能够及时判断婴幼儿的兴趣和需要，从而采取正确的回应方式，让游戏活动有意义。要实现这一目标，保教人员就要掌握以下科学的方法。

（一）有计划有目的地进行观察

保教人员要养成观察的习惯，并且制定观察计划，有目的、有步骤地对婴幼儿的游戏活动进行观察。例如，为了观察本周婴幼儿动作发展的情况，保教人员既要提供相应的材料，也要创造有利于观察的时间和空间。

▸ **游戏现场** ◂

红红2岁4个月了，妈妈跟老师说她最近很喜欢玩面团，于是老师在托育机构也准备了彩泥给红红操作。老师在每张小桌上都放了一套五颜六色的彩泥，确保孩子们不争抢、不互相干扰。然后，老师拿出手机一边观察一边拍摄红红的手部动作时，发现红红出现了以下三种动作：揉成团、压成片、搓成条。

（二）利用信息技术有重点地记录

保教人员要对观察到的游戏现象进行记录，记录的手段有多种，如视频记录、文字记录、照片记录等。视频记录是当前很常用的方法，能够完整拍摄婴幼儿游戏的情况，有助于回顾和分析。文字记录需要一定的时间，一般会设计相应的记录表，简化书写的过程。照片记录是指用相机或手机捕捉有意义的、关键的游戏画面，并记录下来。

秋天到了，陈老师带着托班宝宝在户外拾落叶，回到班级，准备了红色、黄色、蓝色的颜料，宽头排刷，引导孩子们握着排刷给树叶刷颜色，并且说一句话："刷呀，刷呀，树叶宝宝变成××颜色啦！"

陈老师一边指导宝宝们刷树叶，一边用相机拍照，记录下每个宝宝操作的画面。

活动结束后，陈老师回顾照片，在记录表上把宝宝的发展情况分为四种，结合照片进行文字记录：

（1）能熟练地用排刷来回涂抹，会用语言表达。

（2）能熟练地用排刷来回涂抹，不会用语言表达。

（3）涂抹动作不太熟练，会用语言表达。

（4）涂抹动作不太熟练，不会用语言表达。

（三）根据游戏评估要点进行核验

回顾婴幼儿的日常表现，保教人员可对婴幼儿相应的游戏行为和各种表现进行核验，但是切忌将评估要点作为测评要点，核验的目的在于提醒保教人员是否遗漏了观察要点。如果保教人员不能回忆起婴幼儿相应的行为，那么不能认为婴幼儿没有出现某项行为或没达到某个水平，而首先要反思自己的观察不到位、活动设计不够全面。

丫丫15个月了，老师在对丫丫进行发展评估时发现自己从来没见过丫丫说软或硬的词语，因此并不知道丫丫是否能区分软硬。老师没有认定"丫丫尚不能区分物体的软硬"，而是设计了神秘袋玩具，在布口袋中装软硬不同的玩具若干，引导丫丫靠触摸感知，观察丫丫的语言表达，从而进行观察评估。

四、婴幼儿游戏发展档案的编制与使用

由于婴幼儿发展存在个体差异，因此专业的保教人员应当具备编制婴幼儿游戏发展档案的能力。有些保教人员称这种发展档案为"婴幼儿发展档案""宝宝成长档案"。无论叫什么名称，都是指对婴幼儿进行过程性评估，并且以此为依据有针对性地实施保教活动，做到因材施教。

（一）运用档案评价的意义

编制和使用档案需要保教人员关注婴幼儿的言行举止，进行有目的、有重点的观察和记录，并且运用教育学、心理学等专业理论、知识，进行解读、分析、判断，从而提出下一步的回应和支持方法，让保教人员的眼里、心里都是婴幼儿，真正体现以儿童为本。

档案中的资料应是日积月累、图文并茂的观察记录，注重婴幼儿日常稳定的表现，避免对婴幼儿做片段化、碎片化的判断，防止以偏概全，使评价客观、全面。

（二）档案的基本内容

档案应包括婴幼儿的基本信息：姓名、年龄 / 月龄、性别、体检情况、各领域发展情况，保教人员观察的记录、每月的评估内容等。保教人员应当根据班级中婴幼儿的月龄、发展目标等设计自己的观察记录表。

以 2—3 岁托班档案为例，图 8-2 的游戏发展档案包含了婴幼儿情绪和入园适应评估、精细动作和大肌肉动作评估、认知发展评估、语言发展评估，以及保教人员收集的作品和记录的家园互动，因此形成了一份完整的游戏发展档案。

保教人员可以利用信息技术，以发展评估要点为依据，设计档案的内容。图 8-3 是用文档编制的档案详细目录和标题。

以图 8-3 为例，这份档案主要包括以下内容。

（1）情绪发展的评价，如为期两周的观察记录：高高兴兴上幼儿园—情绪表。

（2）生活能力的观察评价，包括能否自己独立按步骤洗手，能否如厕后拉上裤子，能否独立午睡、进餐。

（3）节日活动、大型活动，如秋游活动的照片和记录，童言童语的内容。

▲ 图 8-2　游戏发展档案

（4）运动能力发展、律动操的观察评价。

（5）教育活动：开展秋天和冬天主题活动过程中的作品及作品分析。

（6）语言表达和讲述的评价。

（7）一学期中幼儿美工作品汇总。

（8）每月评估发展评价表。

▶ 图8-3 档案详细目录和标题

其中，月评估的内容体现出当月保教人员最关注的学习内容和发展情况。以图8-4为例，保教人员将九月份托班婴幼儿的教育目标和行为表现通过表格形式进行展现，设置了"真棒""不错""加油"三个等级，没有用"达标""不合格"这样的字眼，这体现出保教人员对评估的基本认识是发展的、动态的、可持续的。

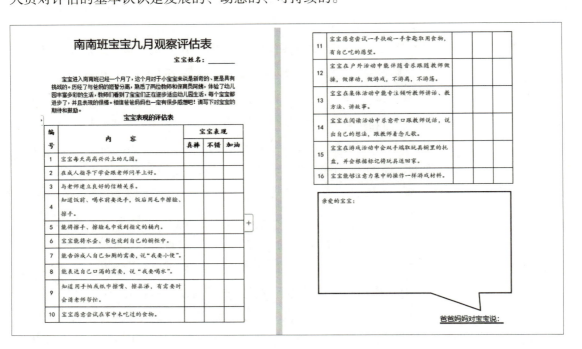

▲ 图8-4 月评估内容

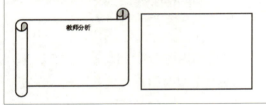

宝宝精细动作发展和操作情况观察表

五彩冰激凌

（6月15日——6月19日）

宝宝姓名：_____

快到期末了，宝宝的手眼协调能力有了明显的进步，对各种锻炼精细动作的材料也基本掌握，结合夏天的活动，我们为宝宝创设了五彩冰激凌的场景，提供安全剪刀、美工纸、蜡笔、五种水果冰激凌的底板，宝宝可以用安全剪刀剪一剪，用蜡笔在封闭的曲线内涂颜色，培养宝宝的审美意识，锻炼宝宝的手眼协调能力。

材料名称	动作发展	宝宝兴趣	活动次数	动作完成
水果冰	手部力量			
冰激凌	双手协同			
五彩雪糕	手眼协调			

水果冰： 为宝宝提供各种颜色的美工纸。宝宝自己撕成小小的碎片，装在杯子里做成美味的水果冰。

冰激凌： 宝宝用安全剪刀双手协同剪冰激凌，一手拿着纸，一手拿着剪刀，双手配合，剪好的冰激凌放在雪糕盒子中。

五彩雪糕： 创设冰激凌店场景，水果与蜡笔颜色对应收纳，为宝宝提供了五种水果、五种颜色蜡笔、五种冰激凌的底板。宝宝在绘画纸上涂颜色，做成美丽的冰激凌，锻炼宝宝的耐心、专注、手眼协调的能力。

教师分析

▲ 图8-5　观察评估档案

图8-5是某一页的观察评估档案，以观察精细动作为例，可以看到保教人员观察的重点是婴幼儿使用安全剪刀的能力、撕纸的能力以及双手协作的能力。对于小年龄的婴幼儿，出于安全性的考虑，一般不会投放安全剪刀，这份观察记录的日期是6月，此时托班晚期的婴幼儿接近3周岁或超过3周岁，因此保教人员尝试投放了安全剪刀。可见，这份档案的设计也体现了针对个体差异的发展性、层次性和挑战性。

（三）档案的使用方法

使用档案的过程是保教人员专业性的体现，档案袋从编制到运用，融合了信息技术、专业判断、儿童观、教育观等全面的教育能力，具体使用方法如下。

第一步，开学前进行初步设计，规划出档案袋的逻辑线索，包括基本信息、婴幼儿各领域发展的内容。

第二步，根据婴幼儿的年龄和发展阶段，确定评价重点和内容。

第三步，确定了重点之后，明确档案袋评价的内容，编制适合的观察记录表。建议保教人员定期编制1—2份，随着观察的深入逐步编制适合本班婴幼儿的观察记录表。

第四步，编制档案袋内容后，责任落实到人。建议保教人员合理分工，如一人负责观察记录，一人协助运用照片、扫描、视频等方式补充材料，共同收集档案内容。

第五步，每月整理资料，及时把文字和影像资料插入到档案袋中，丰富和优化档案内容。

随着信息时代的到来，保教人员的信息技术应用能力也是专业能力的体现，需要运用文档、图表等功能设计档案袋的内容，体现了图文并茂、图表交替的作用，还有图片编辑、缩放、调色、排版、拼图、配文字等功能，让档案袋内容并不是一串串数字，而是既有婴幼儿活动的精彩图片，也有持续性的观察记录，更有专业的分析评估。例如，2—3岁婴幼儿的阅读区兴趣的观察记录，既有婴幼儿本周进入阅读区的时间记录，也有婴幼儿阅读图画书的照片或用二维码的方式呈现的视频，还有保教人员对婴幼儿观察片段的分析描述。

为了确保婴幼儿档案内容的科学性，保教人员要提高自己的专业水平，结合有关资料和现成的观察记录表，制定档案内容，确保科学性、合理性，并且还需要定期研讨，不断修订内容。

第四节　婴幼儿游戏方案的制定

本节概览

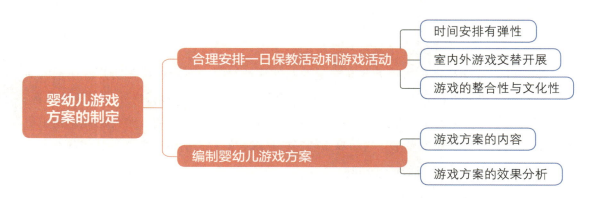

案例导入

为什么宝宝天天吵着要去托育机构

佳佳已经入托一年多了，现在的佳佳吵着要去托育机构，奶奶感到很奇怪："怎么以前哭哭啼啼的，一年下来还天天吵着去了，那里每天会发糖吗？"佳佳说："没有糖，有好玩的游戏，我要去玩！"妈妈说："我知道，因为那里每天都有好多好玩的游戏，从早玩到晚，可有意思了，对吧！"

阅读上述案例不难发现，佳佳已经从最初分离焦虑的小宝宝变成了适应和喜欢托育机构丰富多彩生活的大宝宝，可见，游戏在其中发挥了重要的作用。在托育机构的一日活动中，至少还有4—6小时是需要婴幼儿开展各类游戏活动的。如何制定游戏方案，合理安排一日活动是保教人员必须掌握的基本功，本节将结合案例阐述如何制定婴幼儿游戏方案。

一、合理安排一日保教活动和游戏活动

0—3岁婴幼儿的保教活动并非刻意的安排，而是让一日活动都变得自然、轻松、自由、自主、有秩序感。因此，安排合理的保教活动要遵循婴幼儿身心发展的规律，也要体现出保教人员的创造性，开展丰富多样的游戏活动。保教人员在安排一日活动时，要遵循以下原则。

（一）时间安排有弹性

0—3 岁婴幼儿，尤其是 1 岁以前的婴儿睡眠时间较多，因此，在托育机构要允许婴幼儿有弹性的休息时间。例如，上午十点，有的婴幼儿在玩玩具，有的可能已经睡着了，保教人员要针对每个婴幼儿的生物钟弹性安排活动，保证婴幼儿在困倦的时候，有安全的环境可以躺下休息。其他活动时间也是有弹性的，不能让婴幼儿生活在成人的催促之下。

（二）室内外游戏交替开展

室内外游戏交替，是指每天要有充足的室外活动时间，不能总让婴幼儿待在室内活动。在户外，婴幼儿的皮肤接受阳光的照射，有利于骨骼生长发育。户外还有各种声音，能给婴幼儿带来一定的听觉刺激。自然光也有助于婴幼儿视力的发育。户外的花草树木更是婴幼儿亲近自然、探索操作、活动身体的天然材料。保教人员可根据婴幼儿的状态和天气情况合理安排每天户外活动的时间。

（三）游戏的整合性与文化性

游戏活动可以分为很多类型，在托育机构一般可以分为认知游戏、语言游戏、社会性游戏、运动游戏四大类。保教人员可以综合安排不同的游戏活动，需要注意的是，在同一个活动中也会有不同内容的融合。例如，保教人员在给 1 岁半的婴幼儿阅读图画书时，同时也伴随着认知图片、对话交流、模仿动作活动，所以各类游戏活动并不是完全割裂开来的。

无论游戏活动的具体内容是什么，保教人员在组织活动时要注意文化性、科学性，要注意给婴幼儿传递正确的价值观，尤其是注重中华优秀传统文化的传承和启蒙。如四季变化、饮食文化、服装穿着、娃娃的选择、环境的装饰、阅读的图画书、节日庆典活动的选择，保教人员都应当考虑其是否符合我国教育的目的。无论哪个岗位哪个年龄段的教育工作者，也都要牢记立德树人的使命。

二、编制婴幼儿游戏方案

在设计 0—3 岁婴幼儿游戏方案时，保教人员应针对每个婴幼儿的出生情况、身体发育水平、心理发展水平，以及语言、动作、情绪和社会性、认知能力的真实情况来进行。除了一些共同活动之外，保教人员的引导、对话、沟通、保教，都应当反映出其对每个婴幼儿的支持策略，这样才能体现对个体差异的尊重，真正落实以儿童为本的理念。

（一）游戏方案的内容

个别化游戏方案可以分为长期方案和短期方案。长期方案可以是一学期或一个月的计划；短期方案是指一周或者一天的教育内容。托育机构中一般有 10—20 个婴幼儿，保教人员可以根据月龄大致划分成几个小群体，结合观察评估要点，在观察、记录、分析、核验的基础上，结合季节特点、节日活动等，确定一周或一个月的游戏方案内容，提供相应的材料，选择适合的场地，开展适切的活动。

与幼儿园游戏活动不同，保教人员的游戏方案不是备课，重点不是提前预设很多活动，而是类似于保教备忘录，内容应当非常细致、具体、全面。这里既有对婴幼儿身心发展情况的评估、思考，也有关于本月重点工作的梳理，还有一些需要保教人员配合、共同关注的要点。下面展现一个班级的月游戏方案。

· 游戏研讨 ·

草莓班 1 月游戏方案

婴幼儿情况分析：

（1）本班共有婴幼儿 16 人，最小的 1 岁 3 个月，最大的 1 岁 11 个月。

（2）大部分婴儿开始自己使用勺子，在大小便后能告知保教人员。

（3）喜欢和保教人员对话、交流，喜欢听重复的故事。

（4）大部分喜欢到户外接触大自然。

（5）上月投放的玩具依然有兴趣继续摆弄。

游戏方案要点：

语言游戏：儿歌《虫儿飞》《小手拍拍》《过年啦》，图画书《春节》。

音乐游戏：每天播放音乐进行律动操。

运动游戏：每天分批带婴幼儿到户外活动 1 小时，走路、爬台阶、坐转椅、玩大红布。

社会性游戏：谈心谈话，给每个孩子拥抱。

生成游戏：下雪、玩雪、玩冰活动。

保教备忘录：

（1）每天检查环境中是否存在不安全的因素，填写交接班记录。

（2）关注排便情况，引导婴幼儿到坐便器上使用小马桶。

（3）用儿歌游戏引导婴幼儿配合穿脱衣服，做好冬天睡醒穿衣保暖工作。

（4）同伴冲突时，认真处理，并联系家长反馈情况。

陈老师　王老师　张老师
2024 年 1 月

如果婴幼儿有比较特别的情况，那么保教人员可以制定详细的个别化游戏方案，同样包括对婴幼儿基本情况的分析、教育目标的设置、具体的教育措施，以及效果分析与反馈。下面展现一个婴幼儿个别化的游戏方案，供保教人员参考。

· 游戏研讨 ·

婴幼儿个别化游戏方案

宝宝姓名：蒋××　　　　**月龄：1 岁 10 个月**

（1）挑食情况明显，近期只吃主食，不吃蔬菜。

（2）专注操作活动区玩具，能熟练地玩小木槌、舀豆子、拧瓶盖。

（3）户外喜欢玩水、玩沙。

保教目标：

（1）尝试吃蔬菜丸。

（2）通过儿歌、故事理解样样食物都要吃才身体好。

游戏方案：

（1）音乐游戏"小猪吃得饱饱"。

（2）艺术游戏"粘贴蔬菜"。

（3）益智游戏"蔬菜拼图"。

（4）语言游戏"我绝对不吃番茄"。

（5）运动游戏"百变蔬菜"。

（6）谈心谈话"宝宝爱吃菜真棒"。

（7）厨艺游戏"百变蔬菜丸"（土豆、胡萝卜蒸熟，鸡蛋煮熟，捣碎，宝宝团成球，自制蔬菜丸品尝）

保教效果与分析：

略。

陈老师　王老师　张老师

2024 年 3 月 6 日—3 月 10 日

（二）游戏方案的效果分析

在制定了方案之后，保教人员要围绕目标实现实施保教活动，开展游戏活动，观察婴幼儿在活动中的表现，对活动中的情况进行记录和效果分析。保教人员可运用前文所述的观察评估的方式进行编制与记录。在这里，我们将结合具体案例，展现真实的游戏方案效果分析的内容，供保教人员参考。

· 游戏研讨 ·

婴幼儿个别化教育效果分析

宝宝姓名：蒋×× **月龄：1岁10个月**

1. 游戏参与情况

本周开展了多个与蔬菜有关的游戏，宝宝对音乐游戏、手工游戏很感兴趣，能跟随保教人员一起唱歌做律动，也能指认几种常见的蔬菜名称；对拼图玩具也很愿意摆弄；对阅读活动兴趣不高，可能是因为故事内容略难。

保教人员利用视频剪辑制作了蔬菜水果的游戏课件，宝宝对此有一定的兴趣，能专注地倾听和简单回答提问。（注意：游戏课件展示的时间为1分钟左右，避免过多的屏幕暴露）

在厨艺游戏中，宝宝捏鸡蛋、压土豆、团菜球，格外有兴趣，吃了3个菜团，感受到了蔬菜的独特味道。

2. 家园联系

以上情况向家长反馈，让家长了解到我们采取了很多措施，希望家长能与保教人员保持一致，不要轻易妥协，否则很难改变宝宝挑食的情况。建议家长在粥中加入蔬菜碎，在鸡蛋饼中也加入蔬菜碎，让宝宝接受蔬菜是普遍存在的。

3. 下一步措施

（1）设计有创意的厨艺游戏，让宝宝直观感受蔬菜的变化和美味。

（2）在班级种植大蒜、泡豆芽，让宝宝观察蔬菜的生长过程，春天时再种植更多的蔬菜。

陈老师 王老师 张老师

2024年3月10日

通过这份教育效果分析和反馈可以看出，保教人员对游戏活动实施过程中婴幼儿的参与情况、专注力、兴趣点都做了分析和判断，并且反思了自身的不足，如早期阅读活动的选材还不适合这名婴幼儿。保教人员还列举了自己的家园沟通工作，得到家长的认同和支持。保教人员还提出下一步措施，使下次在制定下一周的个别化教育方案时有所依据。如此循环推进，能让有特殊情况或个别教育需求的婴幼儿得到高质量的保教指导。

 内容小结

　　本章主要介绍了婴幼儿个体差异的基本概念、表现类型，分析了造成个体差异的具体原因，以及个体差异对 0—3 岁婴幼儿教育的启示。在此基础上列举了保教机构中常见的个体差异问题，针对每一种问题，提出了观察方法和保教策略，具有很强的实操性。除了这些比较明显的特殊情况，对于大部分婴幼儿要结合月龄和发展阶段进行观察评估，可以借助三种方法实施评估，并遵循过程性、发展性、客观性的原则。通过相关实例，展示了编制游戏发展档案的过程和方法。最后，还通过具体的游戏方案展示了如何安排保教活动，供保教人员学习。

课后练习

　　1. 造成婴幼儿个体差异的原因有哪些？

　　2. 结合本书中列举的婴幼儿常见的问题，你还见过哪些特别的行为和表现，尝试进行分析和提出保教建议。

　　3. 如果让你观察一名婴幼儿，你会做哪些准备工作，请设计一份观察记录表。

　　4. 从网络上下载部分托育机构的简介、照片、视频等资料，分析其是否尊重婴幼儿身心发展规律和个体差异。

实训任务

　　在实习过程中，选择一名婴幼儿作为观察评估对象，详细记录并分析其身心发展情况，再编制一份短期的个别化保教活动及游戏方案，实施之后进行效果分析和反思。